Wilhelm Richter

Serbiens Zustände unter dem Fürsten Milosch
bis zu dessen Regierungs-Entsagung im Jahre 1839

Europäischer Geschichtsverlag

Wilhelm Richter

Serbiens Zustände unter dem Fürsten Milosch
bis zu dessen Regierungs-Entsagung im Jahre 1839

1. Auflage | ISBN: 978-3-73400-230-4

Erscheinungsort: Paderborn, Deutschland

Erscheinungsjahr: 2015

Europäischer Geschichtsverlag ist ein Imprint der Salzwasser Verlag GmbH, Paderborn.

Nachdruck des Originals von 1840.

Serbiens Zustände

unter

dem Fürsten Milosch

bis zu dessen Regierungs-Entsagung

im Jahre 1839.

Eine Darstellung

der

jüngsten Ereignisse, Charakteristik des serbischen Volkes
und Abriß einer Topographie des Fürstenthums.

Von

Wilhelm Richter,
Fürstlich serbischen Ingenieur.

Leipzig, 1840.
Adolf Frohberger.

Wohl wenige Länder sind bei der Fülle an Naturschönheiten so wenig erforscht wie Serbien, dessen großartiger
Produktenreichthum den Reisenden erstaunen macht, dessen
innere tief verborgenen Schätze, unendlich und unübersehbar,
noch gänzlich unbenutzt darniederliegen.

Es ist allerdings wahr, daß noch wenig existirt, was
man, selbst bei den geringsten Ansprüchen, als nöthig zur
Bequemlichkeit des Reisenden erachtet, daß man Unannehmlichkeiten bei Erforschung des Landes ausgesetzt ist, die dem
civilisirten Europäer besonders in der ersten Zeit doppelt
schwer zu tragen sind. So oft und so vielfach man über
Serbien geschrieben hat, so verschieden auch die Ansichten
über den Zustand des Landes sind, so falsch sind jedoch leider gewöhnlich diese Meinungen, da bis jetzt Schriftsteller,
die das Land selbst bereisten, dieses nur zum Vergnügen
thaten, umgeben mit allen Bequemlichkeiten, die der gast-
freie Fürst Milosch um sie aufhäufte; im steilsten Gebirge,
im undurchdringlichen Urwalde fanden sie die Genüsse einer
feinen Küche, die dem Lande, dem Civilisations-Zustande
der Nation gar nicht entsprechend sind. So erzeugten sich
Ansichten, die falsch waren, es wurde Weihrauch gestreut, wo

der strengere Beobachter sich zur Rüge gebrungen gefühlt hätte. — Gewiß der erste Schritt, Serbien aus dem terra incognita herauszuheben, war die Eröffnung der Donau=Dampfschiff=fahrt, die die früher so mühselige Bereisung des Flusses jetzt zu einer der belehrendsten und bequemsten umgeschaffen hat. Es ist leicht, an die Grenzen Serbiens zu gelangen und somit auch in das Innere des Landes einzubringen, ohne vorher nöthig zu haben, sich den Mühseligkeiten einer Reise zu Pferde oder Wagen durch unwirthbare Länder auszusetzen.

Schon von Semlin aus zeigt sich Belgrad, das alte berühmte, durch die Heldenthaten des Prinzen Eugen und Laudon wohlbekannte Belgrad, auf die vortheilhafteste Weise. Es ist imposant auf einer gebirgigen Halbinsel ge=legen, die durch die Einmündung der Sava oder Sau in die Donau gebildet wird. Die äußerste Spitze nimmt die, gegenwärtig noch von den Türken besetzte Festung ein, und wenn auch ihre Werke größtentheils in Verfall gerathen sind, so zeigen sie doch noch deutlich genug die frühere Größe und Festigkeit an. Man sieht von Semlin aus die ersten Minarets, den ersten warmen Hauch des Orients, und was könnte den Abendländer, der den majestätischen Donaustrom hinunterschwimmt, wohl mehr interessiren, als die Darstellung dessen zu haben, wovon tausend und eine Nacht und alle jene feurigen Märchen und Gesänge eines Stasig und Labi ihm schon in der Jugend die herrlichst geschmückten Bilder einprägten. Rings herum, so weit das Auge das Land überschauen kann, zeigen sich überall die schönsten Gegenden, liebliche Hügel, die theils angebaut sind, theils als Wiesen mit ihrem schönen Grün das Auge erqui=

cken. Im Hintergrunde erhebt sich das Gebirge immer höher, bis endlich der doppelgipflige Awallah mit seiner alten Burgruine den Prospekt beschließt.

Betreten wir also dieses, sich so vortheilhaft präsentirende Land, um uns nicht allein mit seinen originellen Erscheinungen im Volksleben und in der herrlich ausgestatteten Natur, sondern auch mit den neuern interessanten Zeitbegebnissen und den civilen Institutionen des Landes bekannt zu machen, um eine richtige Ansicht der Sachlage zu gewinnen und im Stande sein zu können, die gegenwärtige Krise, die Zeit der Reformen, mit dem ruhigen Auge des Unbetheiligten und Unpartheiischen zu beobachten. —

Obgleich die österreichische Grenz=Stadt Semlin nur durch die Sava und Belgrad getrennt ist, so scheint die Entfernung viel größer zu sein, da man allen Unannehmlichkeiten der nöthigen Grenz=Revisionen, Paß=Visirungen und Kontumaz=Plackereien im höchsten Grade ausgesetzt ist. — Durch ein hölzernes Gitter geführt, ist man von aller menschlichen civilisirten Welt abgeschnitten, zur zehntägigen Kontumaz bei der Rückkehr gezwungen und ausgestoßen in eine anders sprechende, anders denkende Nation, der noch, in Folge des langen türkischen Druckes, vieles von jener Zeit anklebt. — Man fühlt sich im Parlatorium, mitten in dem Gericht beklommen, wo in babylonischer Verwirrung alle mögliche Sprachen den Fremden betäuben, dazu die bunte grelle Gewandung, der orientalische Schnitt des Profils, der Ernst und die Abgemessenheit des Serben, der finstere lauschende Blick des Türken, der elegant gekleidete Deutsche, der zerlumpte liederliche Avanturier, deren es in

1*

Serbien eine Menge giebt, — alles dieses liefert ein Bild, dessen reichhaltige Staffage den schönen Hintergrund, und unser Serbien, in der ersten Zeit ganz vergessen macht. —

Serbiens Schicksale sind erst in der letztern Zeit, seit der Zeit des Aufruhrs, des Abschüttelns türkischen Joches, interessant geworden; seit jener Zeit ist Serbien erst wieder in die Reihe der Staaten getreten, als mit Rußlands und des Sultans, als obersten Schutzherrn, Anerkennung Milosch Obrenowitsch zwar zum unumschränkten, aber tributpflichtigen Fürsten ernannt wurde.

Die Ernennung des Fürsten Milosch zu seiner gewichtigen und in der damals so zerrütteten Lage des Innern Serbiens höchst schwierigen Würde verdankte er seinem Muth im Kriege und seiner richtigen demüthigen Politik gegen die Pforte. — Er verstand es meisterhaft, seinem Kaiser aufrichtige Gefühle der Anhänglichkeit glauben zu machen; er hatte den andern Staaten Beweise genug geliefert, wie sein Arm das Schwerdt zu führen vermochte, wie brauchbar er als Vormauer Europa's gegen die ottomanische Macht sei; es konnte kein Zweifel obwalten, daß der, der das Land befreite, sieggewohnte Heere durch die patriotische Begeisterung seines Volks überwand, auch Kraft genug besitzen würde, den Eindrang, die neue Besitznahme zu verhindern. Kleinere Differenzen abgerechnet, stand er nach den letzten glänzenden Siegen, nach der Gewinnung sechs neuer Distrikte, nach dieser bedeutenden Erweiterung seines Gebiets, beständig im guten Benehmen mit der Pforte; er wurde bei seinem letzten Aufenthalt in Constantinopel ja stets mit der größten Gnade vom Sultan behandelt und erfreute sich einer Herablassung, wie sie selten andern Vasallen zu Theil wurde. — Die Ursachen der gegenwärtigen Krise, die Triebfeder aller eingetretenen Neuerungen müssen wir in der Constitution suchen, die das letzte Geschenk des verstorbenen Sultans Machmud an Serbien gewesen ist.

Milosch Obrenowitsch ist in dem Dorfe Brusnitza im Rutniker Bezirke geboren; er zeichnete sich zuerst als Held im Kriege, als warmer Patriot aus, wodurch er die Aufmerksamkeit der Nation auf sich zog. Erst von jenem Tage jedoch, als er, als Großfürst von Rutnik, wozu ihn der Sultan selbst ernannt hatte, die Fahne des Aufruhrs erhob, gründete er seine selbstständige Stellung, woraus später seine Fürstenkrone geboren wurde. — Lange Jahre hatte er, selbst im Frieden, Krieg mit den entgegengesetzten Interessen einzelner seiner Untergebenen zu kämpfen, lange mußte er alle Energie anwenden, um dem Lande eine Ruhe, eine Sicherheit zu schenken, die man früher kaum dem Namen nach gekannt hatte. — Natürlich war bei den rohen Charakteren der durch den Krieg verwilderten Männer, die in den undurchdringlichen Eichenwäldern hausten, eine Strenge nöthig, die ihm oft und besonders jetzt zum Vorwurf gemacht wird. Der Charakter des Fürsten selbst ist jähzornig und grausam gewesen, erst spätere Jahre gaben ihm mehr Milde und lehrten ihm die Regententugenden, die ihn jetzt schmücken, und die gänzlich abzusprechen Unrecht wäre. — Der Mangel an Sicherheit im Innern war eine Folge des Kriegs, sie ward eher beseitigt, als es möglich war, jene Männer zu versöhnen, die dieselben Ansprüche zum Throne zu haben und sich zurückgesetzt glaubten. Hier wurde von vorn herein ein Fehler begangen, in dem die Ursache der oftmaligen Aufstände und der gegenwärtigen unangenehmen Lage des Fürsten zu suchen ist. — Der Fürst beleidigte in seinem Jähzorne fast täglich, man war daran gewöhnt, jedoch er schritt weiter, er beging Grausamkeiten aus Privathaß, ohne dadurch der Nation zu nützen. — Hochstehende Männer, die so wie er mit Heldenmuth die türkische Fessel hatten zerbrechen helfen, die so wie er die Liebe der Nation besaßen, glaubte er fürchten zu müssen; er verfolgte sie und viele nahmen ein trauriges Ende, weil er sich durch sie in seinen Privatinteressen gefährdet glaubte. — So bildete sich nach und nach eine Partei, die theils als Mittel zur Selbsterhaltung, theils unter dem Vorwande des Vortheils der Nation die Waffen ergriffen und durch einen Bürgerkrieg Milosch zu stürzen und Umstoß der damals bestehenden Einrichtungen zu erreichen suchten. — Der jetzt mehr bekannt gewordene Wubschiz Pereschiz war es, der dem Fürsten treu blieb und, wie wir noch unten weiter davon sprechen werden, ihn rettete. — War Milosch auch hierdurch gewarnt, so schlug er doch bald wieder den alten Weg ein, und es gelang ihm auch seine gefürchtetsten Feinde entweder gefahrlos zu machen, oder aus dem Lande zu entfernen. Damit war aber durchaus jene Partei nicht vernichtet, nur wendete der neu ausbrechende, glorreich beendete Krieg aller Blicke auf einen Punkt, die Interessen Aller vereinigten sich, ohne alten Parteienhaß zu berücksichtigen, — der Frieden brachte den Stand der Dinge im Innern des Landes ebenso wieder zurück, wie sie früher gewesen waren, jedoch war das Land durch oben angezeigte Eroberungen vergrößert und somit ein neues Feld den spekulativen und geldgierigen Großen oder Knäsen des Landes angewiesen. — Wo früher Raub und Mord zur Tagesordnung gehört hatten, wo man vor Räubern und Betrügern nirgends sicher war, hatte dieselbe Strenge des Fürsten, die auf der einen Seite ihm selbst geschadet, auf der andern polizeiliche Ordnung und bürgerliche Sicherheit eingeführt, die Räuber waren gefangen oder hatten sich über die Grenze geflüchtet, und man durfte daher ruhig unter freiem Himmel wie im kultivirtesten Deutschland übernachten.

Die Partei der Patrioten hatte, da sie sah, wie sie aus Mangel an Macht nichts auswirken konnte, wie Milosch die Landeskasse als seine eigene betrachtend, Millionen in Sicherheit brachte, als Privatmann zum Nachtheile des Ganzen seinen Viehhandel fortsetzte, geglaubt, daß ihn zu beschränken nichts wirksamer als eine Constitution wäre; das Glück des Landes und vor allem ihr eigenes Beste trieb sie dazu an, mit allen Kräften darauf los zu arbeiten. So entstand die erste serbische Constitution, die, so ungern der Fürst es that, dennoch angenommen wurde. — Die Organisation der Behörden war jetzt folgende: Das Glück des Landes, so wie alle Nationalinteressen beschirmte ein Senat unter dem Präsidium des zweiten Bruders des Fürsten, Ephraim, den Geschäftsgang, das Direktorium des Bureau's, übernahm Stephan Markowich, die Beschlüsse dieses hohen Rathes oder Senats in Serbien unterlagen der Genehmigung des Fürsten, so wie die Wahl der Mitglieder. Die politischen Staatsangelegenheiten kamen in die fürstliche Hofkanzelei, von der auch die übrigen Staatsverwaltungszweige theilweise abhängig waren. Wohl hatte sich der Fürst gehütet, in diesen Senat seine größten Feinde, die Häupter der Patrioten aufzunehmen, sie befanden sich überdem größtentheils im Auslande. — Schon nach kurzer Zeit verlor

die Constitution ihren Werth, der Fürst handelte mit einigen
Abänderungen ganz wie früher, und wenn auch nicht des=
potisch, so doch wenigstens unumschränkt monarchisch. Er
führte im Kleinen wie im Großen den Haushalt des Staa=
tes, und wenn auch einzelne Sachen zum allgemeinen Vor=
theil ausgeführt wurden, so blieb Milosch doch stets un=
beschränkter Depositär der Staatskasse. Die Hofkanzelei,
eine Zeitlang unter des vortrefflichen Abraham Petronowich,
dann unter Rabitschewitz Direktoriat, suchte nicht selten mit
Erfolg die irrigen Ansichten und Pläne des Fürsten zu be=
rücksichtigen, und beständig um die Person, ja sogar im
Konak oder Wohnhaus des Monarchen einquartirt, handelte
sie mit aller Umsicht, stiftete viel Gutes, war jedoch leider
nicht im Stande, die egoistischen Prinzipe des Regenten zu
besiegen. — So machte sich schon nach wenigen Jahren
von neuem das Bedürfniß einer Constitution fühlbar, die
der thätige Petronowich in Constantinopel beim Kaiser aus=
zuwirken strebte und die durch Anerkennung des Schutzherrn,
des Kaisers von Rußland, unantastbar und heilig gemacht
werden sollte.

In der Zeit, als dieses Werk seinem Ende entgegen=
schritt, als eine eigends dazu in Constantinopel niedergesetzte
Commission nichts unversucht ließ, um sie so umfassend wie
möglich zu machen, indem sie mit rastlosem Eifer den ein=
mal eingeschlagenen Weg siegend verfolgten, bildete sich eine
andere Partei in Serbien, die, von England unterstützt,
dagegen arbeitete, die darnach strebte, alles beim Alten zu
lassen und jede Aenderung zu Gunsten der Knäsen zu ver=
hindern. Der Wunsch des ganzen Volks war jedoch zu
dringend, es gelang, unter russischem Schutz alle Hindernisse

zu beseitigen und im Februar dieses Jahres die vom Kaiser gegebene und von Rußland anerkannte Constitution in einer Volksversammlung zu proklamiren.

Dies ist der Wendepunkt des Geschicks Milosch Obrenowitsch; in jenem Augenblick, als er selbst unter das Gesetz, verantwortlich für die Verwendung der Staatskasse, sogar für frühere Zeiten gemacht, als ein Senat gebildet wurde, dessen Mitglieder, ein Wubschiz, ein Wule, ein Simitsch, die größten Patrioten und seine strengsten Richter, den Stand aller Dinge sehr wohl kennend, einigen Sinnes thatkräftig zu wirken begannen, — in jenem Augenblick sah er seinen Thron wanken, den er so lange, seinen Grundsätzen gemäß, behauptet hatte. — Er machte anfangs gute Miene zum bösen Spiel, ließ sich die Ernennung aller ihm genannten Senatoren und Minister, die neue Einrichtung aller Staatsbehörden gefallen, und vermuthete wahrscheinlich noch einen Wechsel der Dinge herbeiführen zu können, wie es nach seiner ersten Constitution geschehen war. Er kam aus Belgrad nach seiner Residenz Kragujewatz zurück und verbarg sich mit seiner Unzufriedenheit und seinen bösen Launen in seinem Miniatur-Palais. Der Himmel wurde ihm immer drohender; anstatt, wie er geglaubt hatte, den Senat und die Behörden in den ihm treu anhängenden Provinzen zu fesseln, begaben sich dieselben, da es an Lokal für das große Büreaupersonal fehlte, nach Belgrad zurück, und der Fürst folgte ihnen nach, so daß zuletzt kein Beamter, außer der Polizeibehörde, in der nun verödeten Residenzstadt zurückblieb. Der Senat handelte immer freier, und verlangte von dem betroffenen Fürsten Rechenschaft über das Nationaleigenthum, über die Verwendung der Staatseinkünfte während seiner Regierungszeit. Wie voraus zu sehen fehlten die Belege, man trat zuletzt mit der Anforderung vieler Millionen hervor, deren Verwendung zum Privatvortheil des Regenten geschehen sein sollte. Die immer freier werdende Sprache, die gar nicht mehr zurückzuhaltende Spannung zwischen Fürst und Staatsverwaltung, das stets kühnere Auftreten der Senatoren erschreckte und empörte den Fürsten. Jahrelang war er der knechtischen Unterwürfigkeit gewohnt gewesen, hatte seinen Befehl allein als Gesetz betrachten gelernt, hatte nie jemanden gefunden, der es gewagt hätte, ihn zur Rede zu stellen; alles dieses erzeugte einen Bruch, der nicht wieder zu heilen war. — Der Milosch begab sich nach Semlin, und wollte durchaus nichts mehr von der Rechtlichkeit der Senatsbeschlüsse wissen, er fühlte die Heiligkeit der Majestät angetastet und beschloß zu protestiren. Jetzt zeigte sich recht deutlich, daß sich das Volk noch für ihn interessire; man verlangte stürmisch eine Ausgleichung, die Ultra-Liberalen gaben etwas nach, und so gelang es einer verständig zusammengesetzten Deputation, nochmals den Fürsten nach Belgrad zurückzuführen. — Wäre der Milosch seinem gefaßten Entschlusse treu geblieben, nicht eher nach Belgrad zurückgekommen, als bis die höchsten Mächte die Angelegenheit beseitigt, seine Ansprüche berichtigt und vielleicht die zu umfassende Constitution gemäßigt hätten, so ist es sehr die Frage, ob nicht der Ausgang der Sache ein ganz anderer gewesen wäre. So aber dauerte es nicht lange, bis der Senat auf's neue mit seinen Forderungen vortrat, den Fürsten immer schärfer bedrängte und durchaus einen Beschluß der fragestehenden Angelegenheit herbeigeführt wissen wollte. — Die fürstliche Familie

war in dieser Zeit nach Belgrad zurückgekehrt, der älteste
Prinz und Thronerbe, nun verstorbene Fürst Milan Obre=
nowitsch, mit zerrütteter Gesundheit und schwacher Aussicht
auf dauerndes Leben. Er wurde auf den Armen aus der
Equipage, in der sich noch die Fürstin befand, hinausgetragen
und der halbtodte zwanzigjährige Fürstensohn zum Schmerz
aller Serben leichenblaß auf das Lager gelegt, von dem er
nicht mehr aufstehen sollte. —

Die alte Kraft des Fürsten erwachte, im innern Zorn
beschloß er, koste es was es wolle, jene Zeit der Alleinherr=
schaft zurückzuführen, um keinen Preis eine Regentschaft
neben sich zu dulden, die ihn zum Schatten machte, die ihn
zur Auslieferung vieler Millionen zwingen wollte; er beschloß,
wie oft vom Egoismus angetrieben, durch kühnere Mittel,
ohne Berücksichtigung des Wohls seines Staates, seinen
Thron fester zu stellen, und sollte darüber das Vaterland
zu Grunde gehen. — Das letzte Aufflammen des Helden=
geistes war nicht mehr jener hohe Patriotismus, der ihn
früher beseelte, er zitterte im Ingrimm über den Sieg seiner
Feinde und beschloß, alles an ihre Vernichtung zu setzen.
Sein Bruder, der General Prinz Jovan oder Johann,
entfernte sich plötzlich von Belgrad und begab sich in sein
Gubernium, um dort die ihm anhänglichen Bauern zu
Gunsten seines Bruders zu bewaffnen. Unterhändler be=
arbeiteten in der Zeit das Militär, von dessen Anhänglichkeit
er überzeugt zu sein schien. Er war der Schöpfer dieser
Truppe, sie sollte zum erstenmale seinen Zwecken dienen. —
Die Soldateska ist aber zu roh, sie hat zu wenig edlere
Gefühle, als daß Dankbarkeit sie zum Heldenmuth begeistern
konnte; sie theilte die ziemlich allgemeine Ansicht, daß ruhig

essen und trinken der Zweck des Lebens und die beste Arbeit
sei. Wie konnte der Fürst auf eine Truppe rechnen, der
aller Gemeingeist fehlte, die, durch Familienverwandtschaft
innig mit der Nation verkettet, unmöglich gegen diese das
Schwerdt erheben würde, und obendrein ein Schwerdt,
dessen Gebrauch sie gar nicht kannte. Das rohe einfache
Exerzitium gab dieser Soldateska kein Uebergewicht über den
kräftigen Schlag der serbischen Männer, die kriegsgewohnt
und abgehärtet wohl am besten die Kriegsführung in dem
korrupirten Terrain, in den ungeheuren Eichenwäldern ver=
standen. — Sollte so Bruder gegen Bruder, Vater gegen
Sohn kämpfen, sollte so ein furchtbarer Bürgerkrieg ent=
stehen, so war wohl leicht einzusehen, auf wessen Seite sich
der Sieg neigen würde, denn der Vortheil besserer Waffen
fällt hier ebenfalls den Soldaten fort, da jeder Serbe wohl
bewaffnet und viel vertrauter mit seiner Waffe ist als Jener.
Er geht nicht zum Markt ohne Flinte, macht auf der Straße
Jagd, liegt im ewigen Kampfe mit den Raubthieren und
weiß mit dem langen albanesischen Gewehr gut seinen Mann
auf's Korn zu nehmen. Dabei ist er abgehärtet, an schlechte
Kost, an Hunger und Durst gewöhnt, während der Soldat
verweichlicht ist, die Fleischspeisen der Kaserne, das gute
Brod, die Suppen ꝛc. sind dem Bauer unbekannt, er be=
gnügt sich tagelang mit seinem Stück Kakkurung=Brod und
einem Glase Branntwein. Dasselbe Verhältniß ist mit der
Kleidung; der Soldat ist verweichlicht, er geht im Sommer
und Winter bequem eingehüllt, sein warmer Mantel, sein
Fußzeug schützt ihn gegen Nässe, im Winter, im rauhen
unfreundlichen Wetter, sitzt er gemächlich in der Kaserne
am Ofen, braucht nicht zu exerziren und hält beinahe fünf=

monatliche Winterferien, während der Bauer, Kälte und
Schonung ungeachtet, ruhig im Walde seine Geschäfte treibt,
schlecht bekleidet, schlecht genährt, mit wenig Aussicht auf
Gewinnst. — Es wird nun wohl nicht schwer sein, die
Parallele zu vollenden, — sollte es zu einem Bürgerkriege
kommen, so war der Soldat verloren, die einzige Hoffnung,
Gefecht auf freiem Terrain, Kampf in Masse, hatte beinahe
gar nichts für sich, da die Artillerie ohne Bespannung, ohne
Munitionsvorräthe kaum brauchbar ist, die Ungleichheit ihrer
Kaliber den Gebrauch erschwerte, und die Mannschaft durch=
aus gar nicht mit den Functionen der Geschütze vertraut ist.
— Es ist leicht einzusehen, daß bei allen diesen Umständen
der Schritt des Fürsten Milosch ein Schritt der Verzweiflung
war, der nur dann siegreiche Folgen hätte haben können,
wenn größere Einigkeit, Uebereinstimmung und williger
Gehorsam unter einem Oberhaupt geherrscht hätte. Während
Prinz Jovan in den von ihm verwalteten Bezirken die
Bauern aufzuregen suchte, sollte sich das Militair sammeln,
sich vorbereiten, dann sollte Prinz Jovan aufbrechen, sich
nach Kragujewatz begeben und sich dort mit dem Militair
vereinigen, sich an die Spitze stellen und nach Belgrad zie=
hen, um den Senat zu sprengen, die gefährlichsten Sena=
toren gefangen zu nehmen, deren man sich dann gewiß ent=
ledigt hätte. — Das Militair von Chupria, die dort stehen=
den Uhlanen, die auf russische Kosackenart uniformirt sind,
hatten sich ihrer Waffen, Pferde und Offiziere bemächtigt,
letztere in eine Stube zusammengesperrt und sie dann gefesselt
mitgeführt. Da die Pferde nicht ausreichten, so blieb ein
Theil zurück, und nahm Besitz von der Kaserne in der
Eigenschaft als uneingeschränkte Herren. Ein Unteroffizier

führte die Rebellen nach Kragujewatz, wo sich die Herren
Kameraden schon bereits erhoben hatten. Sie schützten aller=
lei Gründe vor, einer sagte zum Beispiel, daß ein Soldat,
während er von einem Offizier Prügel bekommen hätte, auf
seine Drohung mit Beschwerde, zur Antwort erhalten habe,
der Fürst Milosch würde bald aufhören Fürst zu sein, und
dergleichen Unsinn mehr; der Refrain war stets der, daß
die Existenz ihres Fürsten bedroht sei, man wolle ihn in
Belgrad absetzen, ja sogar tödten, und somit wäre das
Militair genöthigt, nach Belgrad zu gehen und ihn aus
den Händen der Senatoren zu befreien. Die Offiziere sahen
gleich ein, daß dieses Unternehmen zu gewagt sei, um sich
anzuschließen; sie konnten sich leicht denken, daß bei einem
höchst wahrscheinlichen Mißlingen der Empörung man sich
nur an sie, als Führer, und nicht an den gemeinen Mann
halten würde, der so wie so doch unmöglich in Masse konnte
bestraft werden. — Der Beschluß aller Offiziere war ein=
stimmig, keiner wollte sich den Rebellen anschließen und
lieber das äußerste wagen, ehe sich zum Führer des tollen,
stets betrunkenen Haufens zu erklären. — Die Infanterie
vertheilte sich bald in ganz Kragujewatz, um ihre abwesenden
Offiziere aufzusuchen und sich ihrer Person zu versichern.
Einer dieser hatte die Geistesgegenwart gehabt, sich nach der
Hauptstraße vorher zu begeben, wo er durch Schreien die
Kaufleute alarmirte, sie bewog, ihre Läden zu schließen und
so einem Unfuge vorzubeugen, den der Anblick aller jener
längstgewünschten Gegenstände auf die Augen der betrunke=
nen Masse hervorbringen mußte. Einige der verhaßtesten
Offiziere bekamen sogar von ihren Untergebenen eine tüchtige
Portion Prügel und wurden dann zu ihren Kameraden in's

Loch gesteckt. — Nachdem man sich so der Offiziere versichert hatte, ging man zu den Beamten über, die ebenso verhaßt waren, da sie ja zu jener Partei gehörten, die jetzt den Fürsten gefährden sollte. Nach Prügeln, Kolbenstößen und andern Mißhandlungen wurden einige der edelsten Männer eingeliefert, hingegen mehrere andere glücklich vermißt, da sie sich geflüchtet und theilweise in den nahen Wald begeben hatten. — In der Kaserne herrschte nun allgemeiner Jubel, der Wein und Branntwein flossen in Strömen und die erhitzten Köpfe fingen schon an, allerlei Exzesse zu begehen. Plötzlich entsann man sich, daß man sich noch nicht mit Pulver und Blei hinreichend versehen habe; man wußte nicht, wo man zu den Schlüsseln des Magazins kommen sollte, der Magazininspektor war nicht zu finden, die Offiziere wollten nichts davon wissen, und so entschloß man, den bis jetzt noch nicht angetasteten Kapellmeister, der solange vom Staate unabhängig im speziellen Dienste des Fürsten gestanden hatte, einzuziehen und ihn zum Heranschaffen der Munition zu zwingen. Dies geschah; eine bewaffnete Patrouille holte ihn ab und steckte ihn zu den übrigen Offizieren in das Gefängniß. Da auch der unglückliche Kapellmeister am allerwenigsten das Geforderte herbeischaffen konnte, so wurden die Tumultanten immer unruhiger, bis es ihnen endlich gelang, den Inspektor aufzufinden, ihm die Schlüssel abzunehmen und sich mit allem nöthigen überflüssig zu versehen. — Der Kapellmeister, als stets treuer Anhänger des Fürsten, mochte mancherlei Beweggründe haben, diesen Tumult von einer andern Seite zu betrachten, und stellte sich an die Spitze oder, was beinahe eben so straffällig war, er begleitete den Zug nach Belgrad frei und fessellos in einem Wagen, während die übrigen Offiziere gefangen zu Pferde und zu Fuß nachgeführt wurden. Hierdurch trat er gewissermaßen in die Kategorie des Günstlings, weshalb sich auch später die Regierung besonders an ihn hielt und er noch bis jetzt im Gefängnisse sitzt. Dies ist ein Deutscher, der früher als österreichischer Kapellmeister in seinem Vaterlande diente. Ohne mit Besonnenheit die Annäherung des andern Militairs und des Prinzen Jovan abzuwarten, anstatt alle Verbindung mit Belgrad abzuschneiden und sich wenigstens erst des Landvolks zu versichern, brach schon den andern Morgen der berauschte Haufe auf und verließ mit Sang und klingendem Spiel ihre bisherige Garnison, prahlend und schimpfend. An der Spitze marschirten einige Subalterns, deren Charakter durchaus keinen glänzenden Erfolg erwarten ließ. — Natürlich mußte der nicht besondere Muth dieses Häufleins, dem sich zu ihrem unbeschreiblichen Erstaunen gar kein Landvolk anschloß, beständig durch geistige Getränke, die in großer Menge nachgeführt wurden, aufrecht gehalten werden, und so kamen sie dann nach einigen Tagen, aus Infanterie, Kavallerie und 6 schlecht bespannten und besetzten leichten Kanonen, in Allem ungefähr 800 Mann stark, 8 Stunden vor Belgrad an. —

Man kann sich denken, welchen Eindruck diese anfänglich ungemein übertriebene Nachricht hervorbrachte. Ein vorausgeeilter Tartar hatte am Sonnabend früh den Senat vom Anmarsche der Rebellen benachrichtigt, konnte jedoch, da er es nur vom Hörensagen wußte, keine nähere Data's geben. Natürlich glaubte man den größten Theil des Landes im Anzuge, man errieth die Absicht, den Senat zu sprengen, und schon damals glaubten viele der hohen Herren den Fürsten schuldig bei diesem bösen Spiele. — Eine seltsame Unruhe bemächtigte sich aller Gemüther; die Beamten durften das Geheimniß nicht ausplaudern, und die Beraubung einer nahgelegenen Kirche, so wie das Nachspüren der Thäter, diente der Polizei als Vorwand bei ihrer seltsamen Thätigkeit. — Natürlich ahnte man nicht ohne Grund auch in Belgrad viele Anhänger der Ruhestörer und suchte dem Ausbruche derselben vorzubeugen. Man verbot allgemein nach Sonnenuntergang auszugehen, Patrouillen durchzogen die ganze Stadt, die Türken besetzten doppelt die Wälle, die Festung und alle Wachtposten, und so ging diese Nacht gespannt vorüber. Sonntags in aller Frühe bildete sich eine Bürgermiliz von nahe an tausend Mann zum Schutze des Senats, während ein anderer viel größerer Haufen hinaus und wohlbewaffnet den Rebellen entgegenzog, unbewußt, ob sie sich mit ihnen vereinigen, oder sie angreifen sollten. Da erklärte der Fürst auf Ansuchen und scharfes Dringen des Senats seinen größten Gegner Wudschiz Pereschiz zum Generalissimus, und von den größten Männern begleitet, zog dieser nun an der Spitze der Bürgermiliz zur Stadt hinaus. Dort, in der Mitte Jener angekommen, die in der Nähe einer Infanterie-Kaserne zu Tausenden lärmten, schrieen und ihre Pistolen und Gewehre in die Luft feuerten, trat er furchtlos unter sie und ließ seine Ernennung bekannt machen. Der wankende Pöbel brachte dem Gefürchteten einige Vivate, und ohne wie und warum zu wissen, folgten sie ihm, Treue bis in den Tod schwörend, gegen den Feind, der in ihren Augen eine ungeheure Masse ausmachen mochte. — Die Kälte, ruhige Besonnenheit und Furchtlosigkeit des Wudschiz war doppelt zu bewundern, und

ehrenvoll, da er die Rohheit seiner Truppe kannte, und da
schon des Morgens in der Hauptstraße ein Verwegener eine
geladene Pistole auf ihn angeschlagen hatte. — Ehe dieses
geschehen war, hatte sich der Erzbischof, von mehrerer Geist=
lichkeit begleitet, auf den Weg gemacht; er traf die Rebellen
8 Stunden von Belgrad und bat sie in dringendem Tone
zur Rückkehr, indem es nur dann möglich sei, den getha=
nen Schritt zu verzeihen. Doch — die Musik fiel rau=
schend ein, nachdem er seinen Segen gegeben hatte, die
Soldaten schrieen Hurrah über Hurrah, küßten ihm die
Füße und — marschirten vorwärts. Bald machten sie vor
Kison Nachtlager, wo auch Wubschiz des Abends mit seiner
Armee Angesichts ihrer anlangte. — Der Belgrader Muth
wuchs bedeutend, als sie das kleine Häufchen ihrer Feinde
überblickten, und diese fingen an ihre Tollheit einzusehen,
als sie erfuhren, daß das Belgrader Militair ihnen feind=
lich gegenüber stehe, daß von allen Seiten große Bauern=
haufen unter Anführung ihrer Kapitaine dem Wubschiz zu
Hilfe kamen, und Wubschiz selbst geäußert habe, beim ersten
Widerstande alles umzubringen. So war seine Aufforde=
rung zur Uebergabe nicht lange umsonst, alle Bedingungen
wurden zurückgewiesen und schon Mittags übergab sich das
Häuflein auf Gnade und Ungnade. Es wurde Standrecht
gehalten, die dummen Bethörten in die Heimath geschickt,
nachdem sie beinahe nackend ausgezogen waren, die Häupt=
linge mit einigen 50 Hieben bewillkommnet und wohlgefes=
selt, in Gesellschaft des unglücklichen Kapellmeisters, dem
es eben so ging, nach Belgrad, unter Bedeckung der unnö=
thigen Mannschaft, zurückgeschickt. — Ohne Verzug wurde
der Marsch nach Kragujewatz fortgesetzt, unterwegs die

Bauern der Distrikte herbeigezogen, und schon nach einigen
Tagen rückte dieser wohlbewaffnete Trupp dort ein, sogleich
von dem Konak oder Wohnung des Fürsten Besitz nehmend.
Die Kanonen wurden aufgefahren und die nöthigen Ver-
theidigungsanstalten getroffen, da in der Zeit der zurückgebliebene Theil des Militairs und der mit einigen tausend
Bauern eingetroffene Prinz Jovan sich vor der Stadt aufgestellt hatte. — Nach vielem Hin- und Wiederreden, nach
langen Debatten und Streitigkeiten gelang es, den Bürgern
zuerst und dann auch den Bauern begreiflich zu machen,
warum es sich eigentlich handle, woher dieser Aufruhr stammte
und wie sehr die Nation gegen ihr eigenes Glück arbeitete,
wenn sie einen Senat nicht anerkennen wollte, dessen ganze
Arbeit darauf hinausginge, zum Wohl des Volks die Un-
umschränktheit des Fürsten zu beschränken und die allgemeinen Lasten zu erleichtern. — Man versprach, die Waffen
niederzulegen, den Prinzen Jovan auszuliefern, wofür auf
einem Landtage oder Kupstina in Belgrad Aller Ansprüche
berücksichtigt werden sollten. — Obgleich der Prinz sich ver-
steckt hatte, ward er bald gefunden und von dem jähzornigen
und rauhen Wubschiz mit den härtesten Ausdrücken empfan-
gen; er wäre gebunden und gefesselt wie ein gemeiner Verbrecher nach Belgrad gebracht worden, wenn sich nicht andere große Männer in's Mittel gelegt und ihm einen gelin-
den Arrest ausgewirkt hätten. Nachdem man noch mehrere
Einrichtungen getroffen hatte, begab man sich auf den Rück-
marsch, der, je näher er Belgrad kam, immer mehr zu
einem Triumphzuge des Wubschiz Pereschiz wurde. Beinahe
von allen benachbarten, durch diese Unruhe bewegten Distrikten zogen die Kemetten oder Dorfältesten in ihrer besten

Tracht zu Pferde ihm nach; sie bildeten eine Leibwache,
worunter sich noch der als serbischer Held und großer Patriot
sehr geachtete 80jährige Garaschany mit seinem Sohne, dem
Militair-Chef, und viele andere hohe und niedere Beamten
mischten. Unter andern sah man auch den Oberst Tuzakowitz,
einen der ersten Knäsen des Landes, der, früher beständig
um die Person des Fürsten, nun aus den Händen der Rebellen, wo er auf's unwürdigste behandelt, befreit worden
war. — Von Belgrad zog die halbe Einwohnerschaft, die
Beamten und selbst eine große Menge Türken dem Helden
des Tages entgegen, ihn bei der Kaserne zu Pferde und
zu Fuß erwartend. Endlich näherte sich auch bis hierher
die ankommende Masse, die Halt machte, und Tartaren im
vollsten Galopp in die Stadt an den Fürsten, den Senat
und den türkischen Pascha schickte, um sie von ihrer Ankunft,
ihrem glänzenden Erfolge und ihrem bevorstehenden Einzuge
zu benachrichtigen. Nach dem Zurückkommen derselben setzte
sich der Zug in Bewegung, vorne an mit klingendem Spiel
unter traurigen Mienen die rebellischen Musikanten, dann
das treue Belgrader Militair mit der Fahne, und in seiner
Mitte die ziemlich zerlumpten Rebellen, ohne Waffen und
beinahe ganz unbeschuht, zuletzt Wudschiz mit seinem großen
Gefolge, wie immer im grauen Kittel, in der Hand einen
sechsfußigen weißen Stock, wahrscheinlich als Marschallsstab,
die Pantalons in die geflickten Halbstiefeln gesteckt. — Nachdem das Stambul Kapi oder Constantinopolitaner Thor
passirt war, stellte sich das Heer auf dem großen Platz vor'm
Polizei-Gebäude auf, wo schon der ganze Senat mit allen
übrigen Behörden in gespannter Erwartung stand.

So endete diese Revolution, die unter andern Umstänben, bei innerer Einheit, bei Zusammentreffen glücklicherer Umstände, eine totale Umwälzung der bestehenden Verhältnisse hätte nach sich ziehen können, die jetzt aber, da sie ohne Schwerdtstreich, ohne Flintenschuß beigelegt wurde, oft genug zum Gegenstand des Gelächters wurde, den die prahlenden Rebellen, die im voraus siegestrunkenen Soldaten, vollkommen verdient hatten. Man lernte die Schwäche und bedauernswürdige Ungeschicklichkeit dieser sogenannten Vaterlandsvertheidiger, ihre Feigheit so hinreichend genau kennen, daß es allgemein beschlossen wurde, eine Truppe aufzulösen, die sich der Ernährung und Kleidung auf Staatskosten gar nicht werth zeigte; man beschloß vielmehr, ein militairisches Verhältniß einzurichten, das dem Tyrol's oder der Schweiz ähneln sollte, wo im Nothfall jeder Mann Soldat sein muß, ohne ihn nöthig zu haben, im Frieden zu nähren; nur so viele sollten im Frieden bleiben, als zur Erhaltung der öffentlichen Ordnung und Ruhe nöthig werden.

Es ist leicht einzusehen, daß diese Revolution, so unbedeutend sie erscheint, bedeutende Aenderungen in der Staatsverwaltung hervorbringen mußte. Es war der Partei der Patrioten somit gelungen, einen und zwar den letzten entscheidenden Sieg über das absolut monarchische Prinzip des Fürsten zu erringen; die Gewalt war gänzlich in ihre Hände übergegangen, denn die Nation ist auf ihrer Seite und das Militair aufgelöst. — Betrachten wir also, welche Schritte der Senat jetzt thut, wie er die unumschränkte Macht anwendet und welche Folgen die That der Verzweiflung auf den Fürsten ausübte.

Da der Antheil des Fürsten an diesen Unruhen noch nicht zu Tage lag, sondern erst erwiesen werden mußte, um denselben nahe treten zu können, so wurden die eingebrachten Verbrecher, sowie alle Mitschuldige und schon früher eingezogene von Belgrads Einwohnern, auf's strengste konfrontirt. Der Kapellmeister bekannte nichts, er kannte nicht einen Gerichtshof, der ihm nichts anging; er appellirte an den Schutz Oesterreichs. Mochten die übrigen Gefangenen, somit der Prinz Jovan, weniger verschwiegen sein, mochten noch andere Umstände eintreffen, kurz man zweifelte gar nicht mehr, in dem Urheber den Fürsten zu finden. Um so unheilvoller für ihn war die von Bosnien erhaltene Nachricht, daß der Pascha von Swornik sich in Bewegung gesetzt habe, jedoch, vom Pascha von Bosnien zur Rede gestellt, sich mit einem vorgezeigten Briefe von Milosch entschuldigt habe und sofort zurückgekehrt sei. Wie ein Lauffeuer durchlief diese Nachricht das ganze Land; mochte es wahr oder unwahr sein, man glaubte es allgemein, sah das Land von seinem Regenten selbst gefährdet, und die letzte Liebe erlosch in dem Herzen. — Denselben Tag verlor der Fürst, so wie seine Frau und die Prinzen, die Leibwache; er gerieth in die gerichtliche Untersuchung des Senats, der sich, als Bewahrer der National-Interessen zu solcher Handlung berechtigt glaubte. Man bearbeitete den Fürsten, um wenigstens seinem Sohne den Thron zu wahren, seine Abdankungs-Akte einzureichen und seinen Thron an den kranken und schwachen Erbprinzen Milan abzutreten. Nach mancherlei Hin- und Herverhandeln geschah es endlich, der Fürst mochte selbst einsehen, daß seine Prinzipe nicht mehr zu halten wären und daß der entstandene Bruch zwischen Volk und Monarch unmöglich ohne auswärtige Hilfe ausgefüllt werden könnte. Mit tiefem Schmerz entsagte er dem Throne, den er erkämpft hatte, den er als selbsterworbenes unveräußerliches Eigenthum betrachtete und von dem ihn neuere Ansichten, denen sein unbeugsamer Geist nicht huldigen konnte und wollte, hinabstürzten. Sofort bekam der neue Fürst die Anerkennung vom Senate und dem Lande, und der Fürst mußte sich dem Befehle Anderer fügen, die ihn in Verbannung nach der Wallachei schickten. Mit tiefem erschütterndem Schmerz nahm der gebeugte altersgraue Held Abschied von Weib und Sohn, der, zum Tode krank darniederliegend, alle Aussicht auf Wiedersehen unmöglich machte. — Wohl eben so schmerzhaft, als der Abschied von der Familie, mochte ihm der von Serbien, so lange seinem Serbien sein. — Wie viele hatte er in die Verbannung geschickt, wie viele aus dem Kreise ihrer Familien hinausgestoßen, aber wohl niemals geahnt, daß auch er einst, im spätern Alter, wann er glaubte, in dem Kreise seiner Angehörigen sein müdes Haupt niederzulegen und von allen jenen siegreichen Schlachten und Tagen der Stürme und des Ungewitters auszuruhen, daß er dann Haus und Hof verlassen müßte und in fremden Ländern, die sein Fuß niemals betreten hatte, allein, von allen verlassen, zu leben. — Mochte der Fehler des Fürsten noch so groß gewesen sein, auch er kann entschuldigt, wenn auch nicht gerechtfertigt werden. Seit länger als 15 Jahren war er knechtischen Gehorsam gewohnt, sein starker Geist war nicht dazu geschaffen, eine Fessel zu tragen; immer siegreich, immer Held, mußte ihm die Idee schrecklich sein, wenn auch nicht von den Befehlen seiner Unterthanen, so doch von dem Gesetz abhängig zu sein, das er stets unter sich gehabt hatte. Er war das Gesetz Serbiens, nun sollte der todte Buchstabe dem raschen, kräftigen Geiste den Weg zeigen, ihm Schranken anweisen; dies war ihm unerträglich, er wehrte sich wie ein sterbender Leue und verdient, trotz allen seinen Fehlern, trotz seinen letzten unrichtigen Schritten, alle Bewunderung seiner Zeitgenossen. — Jetzt verbannt, ausgestoßen, fern von allem, wo sich seine schönsten Erinnerungen daran knüpfen, muß man ihm Bedauern schenken, denn die hohe geistige Bildung, die im Unglück aufrecht erhält, die ein Schutz und Trost im Schmerze ist, geht ihm ganz ab.

Der Fürst hat während der Zeit seiner Regierung so bedeutende Reichthümer gesammelt, daß er jetzt, da er sie wohlweislich schon früher in Sicherheit gebracht hat, davon bequem auf seinen Gütern in der Wallachei leben kann. Von Belgrad begab er sich eben dorthin, wohin schon früher seine Maitresse, die liebliche Dannitza, vorausgegangen war. —

Die Untersuchung der Revolution ging vorwärts; es wurden wie immer viele eingezogen, viele losgelassen und wenig Resultate erhalten. Tartaren gingen nach Constantinopel ab, um die Vorgänge dem Kaiser mitzutheilen und um die Bestätigung des Milan Obrenowitsch zum tributpflichtigen Fürsten von Serbien zu erbitten, welche Genehmigung, wenn auch erst später von Abdul Medschid, erfolgte. Der junge Fürst gab immer weniger Hoffnung zur Besserung, und die Aerzte bestimmten ziemlich gewiß schon im Voraus das Ende seines Lebens. Er war durch den Verlauf seiner langwierigen Krankheit, die, in der Lunge ihren Sitz habend, dieselbe beinahe ganz aufzehrte, zu einem förmlichen Gerippe herabgesunken; seine stets schwache Brust war durch die Bälle und Vergnügungen, die er in Temesvar

genossen und denen er leidenschaftlich ergeben war, vollends
ruinirt, und wie ich schon oben bemerkt habe, betrat er schon
höchst schwach und hinfällig das Land seiner Väter bei seiner
Rückkehr.

Der Senat setzte in dieser Zeit rastlos seine Sitzungen
fort und beschäftigte sich natürlich in der ersten Zeit besonders mit dem Militair. Die aufgelösten Truppen, bis auf
die Musikbande und Artillerie, wurden nach Hause geschickt,
ein Gesetz über die neue Militaireinrichtung entworfen, die
Offiziere beinahe alle nach Belgrad zusammengezogen', und
hier fand zur Belohnung ihrer Treue an den Senat ein
allgemeines Avancement statt, in der Art, daß jeder um
einen Rang höher rückte. — So bestand nun ein Militair
ohne Soldaten, mit bedeutenden Vorräthen aller Art, einem
Stabe, Offiziercorps, Kasernen, einer Musikbande ꝛc., welches wahrlich in der europäischen Kriegsgeschichte beinahe
einzig ist.

Der neue Landtag, der jetzt in Belgrad abgehalten
wurde, ging zur allgemeinen Zufriedenheit ruhig ab; es
wurden viele neue und vortreffliche Einrichtungen getroffen,
worunter auch lobenswerth ein Reglement zur Verbesserung
der Gasthäuser des ganzen Landes ist. Bisher hatte jeder
nach Belieben, ohne Abgaben zu geben, Mehannés oder
Gasthäuser angelegt, die dann, wie ich es weiter unten
schildern werde, auch darnach waren; jetzt sollte jedes Dorf
nur eins, aber ein ordentliches haben, dessen Einrichtung
von der Behörde vorgeschrieben wird. — Einem anderen fühl-
baren Mangel wurde dadurch abgeholfen, daß die Wahl der
untern Landesstellen nicht allein von den Vorgesetzten, sondern auch von den Gemeinen abhängig gemacht wurde, daß,

um die unzähligen Bestechungen zu verhindern, diese Beamten, besonders die Dorfrichter, Kemetten genannt, einen regelmäßigen Gehalt, einen Zwanziger den Tag, für ihre Gerechtigkeitspflege in kleinern Angelegenheiten erhalten sollten. — So geschah manches höchst Lobenswerthe, und es hätte noch unendlich mehr geschehen können, wenn die Beamten mehr Hand in Hand gegangen wären, wenn nicht oft ein Stocken eingetreten wäre, welches der Mangel an Kenntniß des Geschäftswesens, selbst bei den höchsten Personen, erzeugte.

Unter dem serbischen Senate stehen nun sämmtliche übrige Staatsbehörden, die so einfach wie möglich zusammengesetzt sind, um den Geschäftsgang und die Uebersicht des Ganzen zu erleichtern.

Der ganze Staat zerfällt in 17 Bezirke, deren jeder einen Nabschalnik oder Bezirkskommandanten hat, unter dem wieder verschiedene Kapitaine die Ordnung erhalten. — Eine Magistratsbehörde in der Bezirksstadt ist für den Bezirk die oberste Gerichtsbehörde in kleinern Angelegenheiten, in größern bleibt der Senat in Belgrad als letzte Instanz. Dieser Magistrat hat den Nabschalnik als Präsidenten, unter ihm als Beisitzer die Kapitaine, auch Knäsen genannt, mit einem Sekretair, Protokollisten und mehreren Schreibern. Dem Magistrate sind wieder die Ortsobrigkeiten und die Dorfspolizeien untergeordnet, die jedoch auf eine schriftliche Handlung sich gar nicht einlassen. Tritt ein streitiger Punkt ein, so zieht der Kläger mit einem Schwarme Zeugen, Wortführer und der Partei seines Gegners in Masse vor den Richter, der sie entweder befriedigt oder, wenn dies unmöglich ist, an den Kapitain schickt. Glauben sie auch hier noch

nicht ihr Recht zu finden, so ziehen sie ebenso weiter zum
Magistrat und endlich nach Belgrad zum Senat. — Das
Verfahren war früher ähnlich, nur daß man sich an den
Fürsten wandte, der dann nicht selten kurze Justiz machte,
und Kläger und Verklagte nach Verdienst und Würden
durchprügelte oder durchprügeln ließ. Beabsichtigte der Fürst
eine solche Exekution auszuführen, so band er eiligst eine
Kugel oder ein Steinchen in sein Schnupftuch und jagte
damit die Beschwerde führenden, aber selbst straffälligen zum
Konak hinaus.

Die andern Staatsangelegenheiten sind dreien Ministe-
rien zugetheilt. Das Ministerium des Aeußern stand früher,
wie schon oben gesagt wurde, unter der Hofkanzelei, jetzt
unter dem Direktorium des Herrn Abraham Petronowitsch,
über den wir später bei der Regentschaft noch sprechen werden. Es hat jetzt seinen Sitz wie die übrigen in Belgrad,
und ist aus mehreren Räthen als Beisitzern, Sekretairen,
Protokollisten, Konzipisten, Archivaren, Registratoren und
Schreibern zusammengesetzt. Es hat seine Agenten zu Constantinopel und Bukarest. In Wien befindet sich ebenfalls
ein Agent, der jedoch keinen politischen Charakter besitzt, sondern nur bei kommerziellen Angelegenheiten in Anspruch
genommen wird. — Die Agenturen in Constantinopel und
Bukarest sind für immer bestehend, Abraham Petronowitsch
selbst war eine Zeitlang Chef der Deputation in Constantinopel, der es gelang, die letzte Constitution zu erhalten.

Das Ministerium des Innern mit den untergeordneten
Branchen des Militairs, der Medizin und des Baufachs.
Chef des Ministeriums ist der bekannte Protitsch, ein Mann,
der mehr wie einer des Reiches vom Jähzorne des Fürsten

zu leiden gehabt hat und deshalb natürlich nicht sein Freund sein kann. Er verspricht zwar durch sein Aeußeres wenig, soll aber einen sehr übersichtlichen Blick und genaue Geschäfts=kenntniß besitzen. Natürlich hat er mit die schwierigste Branche der ganzen Staats=Verwaltung, die, um ihr würdig vorzustehen, rastlosen Eifer und glühenden Patriotismus erfordert. Serbien liegt noch so im Argen, daß wohl wenigen Männern ein größeres Feld der Thätigkeit angewiesen sein kann, als ihm; es ist so unendlich viel zu thun und dabei binden Geldmängel durchaus nicht die Hände, daß man bei guter Verwaltung dem erfreulichsten Erfolge seiner Verwaltung entgegen sehen darf. — Das seinem Ministerium beigegebene Militairwesen steht unter einem Chef, dem jüngern Garaschany, ein junger Mann, den die Vorliebe des Fürsten und die großen Verdienste seines Vaters für Serbien zu diesem Posten und zum Ritter des türkischen Nischam 2ter Klasse emporhob. Erst seit wenigen Jahren mit dem Geschäftsgange bekannt, verdient es alle Anerkennung, daß er sich schon in so kurzer Zeit so mit demselben vertraut gemacht hat; wenn er am Ende noch manches Anstößige aus früherer Zeit besitzt, so ist dieses gewiß sehr zu entschuldigen, wenn man bedenkt, daß er vor 3 Jahren sich ausschließlich mit dem Viehhandel beschäftigte.

Dem Departement der Medizin, dem die Quarantaine=Anstalten untergeordnet sind, steht der General=Quarantaine=Direktor, Herr Doktor Patzek, ein Deutscher, vor. — Er war früher längere Zeit in Pesth, dann wurde er Leibarzt des Fürsten, und ist einer der wenigen Beamten, die nach dem Sturze sich hielten. Schon früher hatte er jedoch diese Stellung eingenommen und sie so gut ausgefüllt, daß man

wohl einsah, es gäbe einstweilen keinen Bessern hierzu in
Serbien. — Nach den letzten Senatsbeschlüssen ist er soeben
mit einer Commission zur Bereisung der Grenzen abgegan=
gen, um die Wachthäuser der Cordonsstrecke abstecken und
einrichten zu lassen, so wie die sämmtlichen Quarantaine=
Anstalten zu revidiren und etwanigen Mängeln abzuhelfen.
Serbien strebt darnach, sich eben so sicher wie Oesterreich
gegen die Pest zu stellen, um dann vielleicht im Stande zu
sein, eine Abkürzung der österreichischen Kontumaz auf sei=
ner Grenzstrecke zu erlangen. Es ist nicht zu leugnen, daß
man sich gerade in dieser Beziehung gegenwärtig viel Mühe
giebt; es werden keine Kosten gescheut, diese Anstalten ganz
nach österreichischem Muster auf's Beste herzustellen, sie mit
guten Aerzten und allen andern Requisiten zu versehen. —
Der Serbe selbst, der Bewohner der Grenze, so wie im
benachbarten Kaiserstaate, soll die Wahrung der Grenze auf
sich nehmen, militairisch organisirt die Wachthäuser beziehen
und so, um dem Staate die großen Kosten einer stehenden
Truppe zu ersparen, sich und den Staat gegen den Einbruch
der Pest sichern. — Eben solche Aufmerksamkeit fängt man
jetzt an auf das Impfen der Kinder zu verwenden, welches
bis jetzt kaum dem Namen nach bekannt war, denn man
sieht täglich viele auf's Schrecklichste von den Blattern zer=
störte Gesichter. Im Allgemeinen ist die Anzahl der Aerzte
in Serbien sehr klein; rechnet man doch wenigstens auf
jeden Bezirk einen Arzt, ebenso auf jede Kontumaz, dann
die Militair=Spitalärzte, die Stadtärzte größerer Städte,
so kommt ein Minimum von 30 Aerzten heraus; gegen=
wärtig hat aber Serbien deren nur 9. Es ist ein sehr fühl=
barer Mangel, dem aber aus mir unbekannten Gründen gar

nicht abgeholfen wird, und wobei oft die unrechtmäßigsten Schritte vorfallen. Allerdings muß man auch nicht vergessen, daß der Serbe sehr wenig auf ärztliche Hilfe Anspruch macht, daß er tausendmal lieber ein altes Weib, die im Rufe einer Hexe steht, zu sich ruft, anstatt einen vernünftigen Arzt um Rath zu fragen. Es fallen davon täglich Beispiele vor, die in's unglaubliche gehen, wenn selbst die Vornehmsten des Landes zu dergleichen Mittel ihre Zuflucht nehmen. — Eine der ersten Damen Serbiens sprang einst, als die Pferde ihrer Equipage durchgingen, zum Wagen hinaus und verstauchte sich den Fuß im Kniegelenke. Anstatt den Rath eines verständigen sachkundigen Arztes zu hören, wurde ein altes Weib geholt, die nun so lange den Fuß besprach, bestrich und kurirte, bis er endlich beinahe unheilbar wurde. Aus einer wöchentlichen Krankheit war nun eine halbjährige geworden, und nur mit vieler Mühe gelang es, den gethanen Schaden wieder zu verbessern. Darum werden die Leute aber doch nicht klüger. Ich setze hier eine andere alte Weiberkur her, die gewiß noch ganz unbekannt ist, die aber den allgemeinen Ruf als etwas Außerordentliches hat. — Wenn irgend Jemand an schwachem Gehör zu leiden anfängt, so werden Leinwandstreifen in reines gelbes Wachs getaucht, über einen Stab gerollt und so eine hohle Röhre gebildet, die man dann erkalten läßt, das eine Ende in das Ohr des gänzlich zugedeckten Kranken steckt und das andere Ende anbrennt. Allmählig brennt die hohle Kerze hinunter, wird dann herausgenommen, eine neue hineingesetzt, der Prozeß wiederholt und so erlangt der Patient sofort sein Gehör wieder. — Ob es wirklich wahr oder möglich ist, kann ich nicht bestimmen, doch versichern, daß man mit der festesten Ueberzeugung daran glaubt und die Kur allgemein angewandt wird.

Am ärgsten steht es mit der dritten Branche des Ministeriums des Innern, mit dem Bauwesen. Doch ich spreche hiervon noch weiter unten und bemerke nur, daß gegenwärtig an die Einrichtung einer Baudirektion gedacht wird, da denn doch der Mangel derselben sich zu fühlbar macht und von allen Seiten Klagen und Bitten um Abhilfe einzulaufen anfangen. — Bisher bekamen die beiden Ingenieure ihre Befehle entweder direkt von dem Fürsten oder aus dem jetzt eingegangenen Ministerium der Aufklärung, welches sich gegenwärtig in das Ministerium der Justiz und des Kultus verwandelt hat. In jenen Zeiten der unumschränkten Gewalt des Fürsten entstanden bisweilen spaßhafte Situationen, wenn er den Ingenieuren Aufträge ertheilte, wovon er durchaus nichts verstand und dann mit eiserner Stirn auf die anbefohlene Ausführung bestand. — Das Wasser hatte einst an der Morawa bedeutenden Schaden angerichtet, und der Fürst schickte sofort nach einem Ingenieur, der dorthin kommen sollte, um dem Schaden abzuhelfen. Es wurde ihm der Auftrag ertheilt, sofort einen Sporn zu bauen und ihm versichert, daß alles dazu vorhanden sei. Doch man denke sich seinen Schrecken, als er, anstatt gutem Strauchwerk und Bindeweiden, alte halbverfaulte abgehauene eichene Aeste und einige Schock lange eichene Pfähle vorfand. Auf seine Vorstellung, daß mit diesem Material es unmöglich sei, einen zweckmäßigen schwimmenden Sporn zu bauen, fuhr ihn der Fürst an, schalt ihn einen unwissenden faulen Menschen, und da er es einmal so haben wolle, so sollte er bei Verlust seines Amtes sofort den Sporn bauen. — Der arme

Ingenieur erhielt endlich von den Kapitains einiges besseres Material, und so gelang es ihm, wenn auch keinen Sporn, so doch wenigstens eine Art Pallisadirung zu bauen, die, schräg in den Fluß hineinlaufend, im ersten Augenblick dem Strome eine andere Richtung anwies. — Der Fürst war jetzt natürlich sehr zufrieden, und bemerkte nur, er könne das Gegenreden nicht vertragen, weil er sehr gut wisse, was er wolle.

Das Ministerium der Justiz und des Kultus steht unter dem Minister Stephan Stephanowitz, einem der beliebtesten serbischen Großen. Auch er konnte sich nicht recht mit dem Fürsten vertragen, sein glühender Patriotismus durchkreuzte oft die Pläne desselben, und so entstanden Debatten, die gewöhnlich, da beide steinharte Köpfe nicht nachgeben wollten, mit der Verbannung des Generals Stephanowitz nach seiner Vaterstadt Milanowatz endeten. — Er genießt die Liebe seiner Untergebenen sowohl, als seiner Mitkollegen im höchsten Grade; sein achtungswerther gerader offener Charakter kennt keine Verstellung und setzt gewöhnlich mit eiserner Stirn das Gute zum Besten des Vaterlandes durch. Es ist wohl zu hoffen, daß unter diesem Manne, der strenge und gerecht im höchsten Grade ist, die serbische Justiz, die noch sehr darnieder liegt, sich bessern werde, und ebenso auch das Schulwesen, worin zwar schon viel geschehen, aber noch mehr zu thun übrig bleibt.

Das vierte Ministerium ist endlich das Ministerium der Finanzen unter dem Minister Simitsch. Dieser Mann hat von allen seinen Kollegen die meiste Bildung, nicht allein in gesellschaftlicher, sondern auch in wissenschaftlicher Hinsicht; er hat es theilweise seinem langen Aufenthalt in

Ungarn und andern Ländern zu verdanken. Er stammt von
einem der ersten Geschlechter ab und mußte, so wie viele
andere, das Land verlassen, weil der Fürst Milosch ihn zu
fürchten glauben mußte. Sein Aeußeres ist elegant, so wie
sein Umgang und seine Zirkel, eine seltene Ausnahme von
den übrigen Beamten; dabei ist er human, freundlich und
von jedem Stolze so weit entfernt, wie seine Kollegen ihm
nahe stehen. — Sein Bruder ist ebenfalls als Märtyrer der
serbischen Patrioten bekannt; er hat stets mit dem größten
Muthe den egoistischen Absichten des Fürsten entgegengearbei=
tet, wodurch auch natürlich sein Auszug stattfinden mußte.
Er kehrte gleich nach der Constitution zurück und bildete
mit Wubschiz Pereschiz den heftigsten Gegner des Milosch
Obrenowitsch; sie waren diejenigen, die rastlos arbeiteten,
bis Milosch, so wie sie einst, das Land verlassen mußte. —
Ich muß nochmals wiederholen, daß dem Fürsten bei allen
diesen Angelegenheiten wenige Schuld beizumessen ist, daß
mehr die durch den Oberst Hodges, englischen Botschafter,
in Englands Interesse gespielten Intriguen ihn zu Grunde
richteten, indem sie ihn zu Handlungen verleiteten, die sonst
nicht im Geiste des Fürsten lagen. Es ist übrigens bekannt,
daß der Fürst bald nachher bei seinem Aufenthalt in der
Wallachei, während seines Projekts einer Reise nach Ruß=
land, gegen das gegen ihn eingeleitete Verfahren protestirte,
daß er die Höfe des Sultans und des Schutzherrn zur Hilfe,
zur Wiedereinsetzung in seine Rechte, angerufen hat, und
wie ich glaube, liegt es zu sehr in seinem unbeugsamen
Charakter, als daß er sich nach den ersten gescheiterten Ver=
suchen muthlos zurückziehen sollte. Er wird so wenig dem
Throne für immer entsagen, als er freiwillig seinen zweiten

Sohn, den Prinzen Michael, zur Thronbesteigung wird abgehen laſſen, und ſollte dieſes jemals geſchehen, ſo müßte er vorher durchaus handlungsunfähig gemacht werden. — Der Prinz Mihail oder Michael hat zu viel Liebe zu ſeinem Vater, als daß die Reden deſſelben nicht auf ihn von größ= tem Einfluß wären, ſo lange er in ſeiner Nähe verweilt.

Werfen wir jetzt, nachdem wir uns mit den erſten Staatsbeamten bekannt gemacht haben, einen Blick auf die Regentſchaft, die aus dem Prinzen Jeffrem oder Ephraim, Bruder des Fürſten Miloſch, dem ſchon mehrmals genann= ten Wudſchiz Pereſchiz und dem Miniſter der auswärtigen Angelegenheiten, Abraham Petronowitſch, beſteht. Dieſe Regentſchaft trat nach der Abreiſe des Fürſten in Thätigkeit und wurde von dem Senate gewählt, um die Intereſſen des Landes während der Krankheit des neuen Fürſten wahr= zunehmen. Ihre Gewalt war die höchſte, vollkommen der des Fürſten gleich und zur Beſtätigung der Senatsbeſchlüſſe erforderlich. Sie legte ihren Sitz in das jetzt leerſtehende Wohnhaus des Fürſten, und formirte eine eigene zahlreich beſetzte Kanzelei=Behörde.

Ephraim Obrenowitſch iſt ein ſchon bereits betagter Mann, dem jedoch mehr die erlittenen Schickſale, mancherlei Gefahren, Kummer und Gram vor der Zeit die Haare ge= bleicht haben. Sein Geſicht ſpricht Offenheit und Freund= lichkeit aus, ſein Auge ſieht in gewiſſer Art zuthulich und entgegenkommend Jeden an, und ſein etwas zuſammen= gezogener Mund verräth Schlauheit und Jovialität. Er iſt mittler Größe, geht etwas gebückt und langſam einher, dabei in ſeiner Redensart abgemeſſen und durchbringend. Er beſitzt einen viel höhern Grad von Bildung als ſein

Bruder, weiß sich in jedem Zirkel auf's vortheilhafteste zu
präsentiren und vergißt nie die Artigkeit gegen das schöne
Geschlecht. Seine Kleidung ist sehr einfach, ohne Eleganz.
Ein blauer Militairrock mit blanken Knöpfen, ein paar
graue oder schwarze Pantalons und ein kleines blaues Mi-
litairmützchen machen seinen beständigen Anzug aus, den er
beinahe nie wechselt. So sitzt er im Senat, so zu Pferde,
so in der Familie. In seinen Arbeiten ist er angestrengt
fleißig, übersieht mit vieler Gewandtheit die verschiedenen
Fächer und verfolgt so, wie auch den übrigen Theil der
Regentschaft, mit vieler Energie die Pläne für das Wohl
des Vaterlandes. Er konnte sich nie mit seinen Brüdern
vertragen, wurde oft vom Fürsten verfolgt, da er dessen
Eigenliebe im höchsten Grade mißbilligte und tadelte. —
Von jeher war der Prinz Jeffrem der Liebling der Nation,
die ihm mit dem größten Vertrauen anhing, und da sie
sehr wohl wußte, daß sein Patriotismus selbst seine Ver-
wandtenliebe überwinden konnte, so ertheilte sie ihm die
ehrenvolle und einflußreiche Stellung als Präsident des
Senats und neuerdings als Mitglied der Regentschaft. —
Als Familienvater soll der Prinz die liebenswürdigsten Eigenschaften besitzen, jedoch durch zu viele Geschäfte den ganzen Tag lang abgehalten und seiner liebenswürdigen Familie
entzogen werden. Die Gemahlin des Prinzen ist eine starke
ältliche Dame, die schon theilweise die serbischen Moden ver-
leugnet und sich wie die ganze übrige Familie mehr nach dem
neuesten Wiener Geschmack kleidet. — Die übrigen Regenten
sind auch zugleich Hausfreunde des Prinzen, und man sieht
letztern sehr häufig mit dem Abraham Petronowitsch, da sie
innige Freundschaft verbindet. Dieser letztere ist auch voll-

kommen würdig seiner Stellung und seiner nahen Verbindung mit dem Prinzen, da nicht allein die schon oben angeführten Verdienste für das Land, sondern auch sein rastloses Streben für das Fortschreiten ihm jeden, selbst den Böswilligsten, zu Freunden gemacht hat.

Das Haus des Prinzen ist so elegant eingerichtet, daß es vollkommen seinem Zwecke entspricht; es hat öfters feine Zirkel gesehen, in denen die reizende Prinzessin Anna der Stern war, dem alle huldigten. Sie ist das einzige weibliche Wesen in Belgrad, die neben der höchsten Noblesse die beste Erziehung, den feinsten Umgang zeigt. Das liebliche Lächeln ihres Mundes begeistert und enthusiasmirt jeden, der das Glück hat, sich ihr zu nähern. Sie ist eine der angenehmsten Erscheinungen, die man im eleganten Paris treffen könnte; abgesehen von ihrer höchst interessanten und idealen Schönheit, hat sie etwas Orientalisches, einen südlichen Anhauch, der sie wie eine holde Fee aus tausend und eine Nacht dem Auge vorüberführt. Sie besitzt eine tiefe geistreiche Bildung, spielt fertig das Pianoforte und ist Meisterin mehrerer Sprachen. Ihre Unterhaltung ist geistreich und ihre Aeußerungen verrathen vollkommen die Tiefe ihrer Bildung, die Gewandtheit ihres Geistes und die richtigsten Lebensansichten. Sie trägt die Nationaltracht in verfeinertem Geschmack, was nicht wenig dazu beiträgt, ihre Reize und Lieblichkeit zu erhöhen. — Ihr Gesellschafterin, eine Madame Tyrol, hat das Verdienst, in diesem wüsten Lande die edelste Blume gezogen zu haben; möge der Himmel sie vor jedem bösen Hauche bewahren, damit nie das klare schöne Auge durch eine Thräne des Schmerzes getrübt werde. —

Der junge Prinz Jeffrem ist jetzt gerade auf einer Reise nach Rußland begriffen, um dort seine Ausbildung zu vollenden, die er bisher durch den Mann der Erzieherin der Prinzessin Anna, Herrn Tyrol, einen gebildeten und verständigen Lehrer, erhalten hat.

Herr Wudschiz Pereschiz, dieser von der ganzen Nation so geliebte und gefürchtete Mann, ist aus dem Dorfe Wudschiz, im Kragujewatzer Bezirk, gebürtig. — Die Nation nennt ihn mit Recht ihren Beschützer, da sein ganzes Streben darauf hinausgegangen ist, dem Staate Friede und Ruhe zu verschaffen. Als im Jahre 1828 die gefährlichste Revolution gegen Milosch Obrenowitsch ausbrach, stand der an 6000 Mann starke Feind von Kragujewatz nur eine kurze Strecke entfernt; Milosch gab alles verloren; da zog Wudschiz mit einem Heldenhaufen, den sein Namen zusammengerufen hatte, ihnen entgegen, und mit dem Verluste von circa 500 Todten und Verwundeten mußte sich der geschlagene Feind, der sich schon seines Sieges gewiß hielt, zurückziehen. — Denselben Dienst leistete vor 4 Jahren nochmals Wudschiz dem Fürsten; er stillte mehrmals die auflobernde Flamme des Aufruhrs und gab seinem Vaterlande die ihm so nöthige Ruhe. Die Charaktere des Fürsten und dieses Mannes sind aber leider zu heftig, zu aufbrausend, als daß sie lange harmoniren konnten; der Fürst glaubte seinen zweimaligen Retter fürchten zu müssen, und verfolgte den Verdienstvollen ohne Rücksicht. — Wudschiz Pereschiz ist sehr jähzornig und aufbrausend; das Beste wollend, befolgt er immer nicht den rechten Weg, er beleidigt, wo er es nicht so böse meint; wer ihn aber genauer kennt, wer da weiß, daß das Land ihm viel zu danken hat, ehrt und achtet ihn, trotz seiner unbändigen Wildheit.

Dies sind die 3 Männer, denen das verwaiste Serbien sich anvertraute, Repräsentanten des Muthes, der Ausdauer und der Klugheit. Gebe Gott, daß noch recht lange das Land unter der Aegide dieser Männer bleibe; es ist gewiß das beste Mittel, sein jetziges rasches Fortschreiten zu beschleunigen. —

In dem letzten Jahrzehend sind die Reformen in Serbien höchst bedeutend gewesen; mir haben Leute versichert, daß man das Land kaum wiedererkenne. In jeder Hinsicht sind Verbesserungen eingetreten, und da dieses Fortschreiten progressiv vor sich geht, so darf man bei innerer Ruhe in Serbien nach einem neuen Jahrzehend wohl dasselbe finden, was jetzt das angrenzende Oesterreich bietet. Durch die Fürsorge des jetzigen Schuldirektors, Herrn Isailowitz, sind besonders in den Schulangelegenheiten recht erfreuliche Verbesserungen eingetreten. Er war früher Professor in Carlowitz und kam auf einen Ruf des Fürsten herüber. — So viel wie allerdings geschehen ist, so unendlich viel mehr bleibt noch übrig. Serbien besitzt nur in den größern Städten Schulen, in den kleinern ist davon keine Rede; der Bauer wächst vollends mit seinen Schweinen ebenso wie dieselben auf. Er kann weder lesen, noch schreiben; seine Rechnungsart geht nur mit Bohnen abzumachen, die er von zehn zu zehn abzählt. — In Kragujewatz befindet sich ein Lyceum, dessen Klasseneintheilung für Serbien etwas lächerlich klingt. Es giebt eine Klasse der Mathematik, der Rhetorik, der Poesie ꝛc. Jeder Lehrer bekommt hier unwiderruflich den

Titel Professor, und selbst dem Herrn Zeichenmeister wird dieser Titel nicht abgesprochen, wofür sich dann aber auch die Schuljugend Studenten nennen läßt. Der Unterricht ist nicht übertrieben, und läßt der so wie so sehr frei aufgewachsenen Jugend noch Zeit genug zum Herumtreiben. Unter diesen Söhnen der Weisheit bemerkte ich viele Exemplare unsern Großknechten ähnlich, hoch in die Zwanziger oder Anfang Dreißiger; sie schwitzen wie die Bären, wenn ihnen der Logarithmus begreiflich gemacht wird, gehen nachher auf einsame Plätze in Wälder und Felder, um das Gehörte und Aufgeschriebene auswendig zu lernen und es so unvergeßlich zu machen. Die Aussicht, dann später eine Anstellung zu bekommen, treibt sie zu diesem Muthe. Viele der Studenten waren schon Burschen, Handwerker und dergleichen, nur die Lust, Regierungsbeamter zu heißen, machte ihnen das Schulgehen angenehm. Wer das Geld nicht besitzt, während der Schulzeit leben zu können, sieht bei irgend jemanden als Bursche anzukommen, putzt des Morgens seinem Herrn die Stiefel und die Kleider, und eilt dann in das Lyceum, um seinen Geist zu bereichern. Vor einigen Jahren waren diese baumstarken Studenten mit ihren Herren Professoren und der ihnen zu streng scheinenden Behandlung nicht zufrieden; sie machten ein Complot, rotteten sich zusammen und beabsichtigten alles Ernstes sich ihrer Lehrer zu entledigen. Zum Glück wurde diese Sache entdeckt, die Oberhäupter eingefangen und die übrigen desertirten über die Grenze. Die Ursache dieser Verschwörung hatte ihren Hauptgrund in einer Degradation, denn diese jungen Leute waren schon Beamte gewesen; da aber der Fürst sehr richtig sie noch für zu unwissend fand, schickte er sie wieder in die

Schule. — Dergleichen Abwechselungen würden bei manchem auch jetzt noch nichts schaden.

Am traurigsten wächst das weibliche Geschlecht auf; eine Nachbildung der türkischen Sitten. Das Weib ist bei der niedern Klasse noch immer Sklavin des Mannes; eine Mädchenschule existirt gar nicht. Die Armen lernen ihre einfache Speise bereiten und waschen, — das Anfertigen der Kleider ist Sache der Schneider, — vom Lesen und Schreiben ist natürlich gar nicht die Rede. — Die Mädchen sieht man gar selten, sie leben in klösterlicher Zurückgezogenheit und in lächerlicher Bescheidenheit; der Blick eines Mannes beleidigt sie schon, die Berührung würde sie schänden. Desto mehr halten sie sich dann als Weiber schadlos, und die Hausangelegenheiten sind oft sehr belustigend. In solchen ehelichen Streitigkeiten machte der Fürst gerne den Vermittler; einer der jetzigen höchsten Beamten bekam sogar seiner lieben Ehehälfte wegen, deren Vater ihn beim Fürsten verklagt, weil er seine Frau geschlagen hatte, 50 Stockhiebe. — Doch die Zeiten sind vorüber, anstatt der einheimischen Bärentänze, dem merkwürdigen Kolla, tanzt man jetzt schon die Tänze gebildeter Nationen, und überläßt jene wilden Tänze den Bauern und den Soldaten, die dieselben mit Leidenschaft an hohen Feiertagen sogar in der Hauptstraße von Kragujewatz tanzten. Der Unterschied der Stände ist hier noch nicht so schroff wie anderswo eingetreten, ich selbst sah bei einem Balle, den die Maitresse des Fürsten, Dannitza, gab, auf ihrem Hofe die ersten Beamtenfrauen, Gelehrte, Kaufmannstand und Kanoniere tanzen. In einem weiten Kreise faßten sich einige 100 Personen an, in der Mitte eine Zigeunerhorde, gar lieblich mit ihrem Dudelsacke, Tambourin und Geige die Ohren zerreißend, hüpft und springt alles nach dem Takt der Musik, bis der Schweiß, als wenn sie die Tarantel gestochen hätte, stromweis herunterläuft. Einen anderen hübscheren Tanz sah ich oft von jungen Mädchen aufführen, Händeklatschen bildete die Musik und deutete den Takt an; die verschämten Schönen kamen so in Leidenschaft, daß ihre Händchen ganz roth geschlagen wurden. Das weibliche Geschlecht der besseren Stände ist schön gewachsen und von angenehmer Gesichtsbildung; unter den ältern Personen trifft man viele mit Pockennarben, deutliche Zeichen, daß die Blattern früher große Verheerungen angerichtet haben. — Unter den höhern Ständen giebt es Schönheiten ersten Ranges, die besonders deshalb 'einen solchen Eindruck auf's Auge machen, weil die halborientalische Gewandung dem Abendländer Neues und Ungewöhnliches ist. — Der Gang der Frauen wie der Männer ist etwas steif, was jedoch keine Affektation ist, also auch nicht in's Lächerliche geht. An der Spitze der reizendsten Blüthen Serbiens steht die schon oben angeführte Prinzessin Anna, unter die schönsten Frauen gehören unstreitig die des frühern Hof=Kanzelei=Direktors und die Frau des Kapitains der Belgrader Infanterie.

Den Kopf des weiblichen Geschlechts bedeckt ein kleiner rother Fez, der bei den Frauen mit einem Tuche, Dschamiah genannt, umwickelt ist; über diese kommt das schöne schwarze Haar, in einer dicken Flechte herumgelegt und bei den Reichern durch Brillantspangen befestigt. Den Oberkörper bedeckt theilweise das Hauptkleid, dessen vorderer Ausschnitt aber höchst auffallend, so groß ist, daß ein Tuch die Blöße des ganzen Busens verhüllen muß. Ueber diesem Kleide mit langen goldgestickten Aermeln, dessen steifstehende Spitze weit über die Hand hinabhängt, tragen sie ein enganliegendes Jäckchen, mit halben Aermeln und kaum bis zur Taille herabreichend. Der aufrechtstehende Kragen ist sowie alles übrige reich mit Stickerei versehen, die sich bei der Zierlichkeit ihrer Ausführung auf dem hellen Stoffe gar nicht übel ausnimmt. Im Winter kommt über alles ein offen stehender Pelzrock von Tuch, Seide oder Sammt, Jubba genannt, mit weit zurückliegendem Pelzkragen und in der Taille ebenfalls anschließend. — Dieses Kleidungsstück zeigt gewöhnlich den Stand seines Besitzers an, denn bei den Reichern ist es oft übertrieben mit Goldstickereien beladen. Auch hier sind die halben Aermel mit Pelz aufgeschlagen. Rothe Schnabelschuhe oder gelbe Pantoffeln, so wie bei den Vornehmen eine Gold- oder Silber-Quaste auf dem Fez, vollendet den ganzen Anzug. — Steif und gravitätisch gehen die Frauen an Feiertagen in großen Gesellschaften auf den Straßen spazieren; man glaubt, eine Theatergarderobe ausgebeutet zu sehen, denn gerade die rothe Farbe ist die Lieblingsfarbe. — Der Mann geht selten mit der Frau aus, und geschieht dies, so muß sie hinter ihm gehen.

Die männliche Kleidung unterscheidet sich beinahe gar nicht von der weiblichen, nur durch den Schnitt und durch die Pantalons. Auf dem Kopfe trägt er ebendenselben kleinen Fez mit blauer Quaste, ein langes Gewand wie die Frauen, die pelzgefütterte gestickte Jacke, im Winter die Jubba, jedoch etwas einfacher als die Frauen sie tragen. Im Winter werden Hosen von den Männern getragen, die so unendlich weit sind, daß es gar nichts seltenes ist, 10 bis 12 Ellen Tuch darin verschnitten zu sehen. Um den

Schenkel des Fußes schließen sie sich knapp an, sind etwas ausgeschnitten, ringsum mit Schnüren und bei den Elegants mit Gold besetzt. Im Sommer läßt man diese Hosen ganz weg; Beinschienen, wie die Griechen und Albanesen sie auch tragen, bekleiden den Fuß bis zum Knie hinauf, ein langes Hemde fällt bis zur Hälfte über sie herunter und ist nicht selten von Seide, bei dem gewöhnlichen Manne allerdings nur von Baumwolle. — Es ist nicht zu leugnen, daß, so auffallend diese Kleidung anfangs erscheinen mag, sie bedeutende Vortheile gewährt und in vieler Hinsicht zweckmäßiger wie unsere Gewänder ist. Der kleine Fez ist allerdings mehr zur Zierde als zweckmäßig, weshalb bei der kaufmännischen und Beamten=Klasse er schon theilweise durch unsere deutschen Mützen verdrängt ist. Besonders die sich sehr elegant ausnehmende Sommerkleidung mit dem kurzärmlichen Jäckchen und der goldgestickten Weste ist so bequem, leicht und wohlfeil, daß es gewiß schwer fallen wird, ehe in jenen warmen Ländern sie durch unsere steife beengende deutsche Kleidung verdrängt werden wird. Das Schuhzeug ist das unangenehmste des ganzen Anzugs; die spitzen rothen Schnäbel sehen förmlich widerlich aus, und dabei ist die Arbeit so leicht, daß bei schmuzigem Wetter sich der Schuh bald in Wohlgefallen auflöst. Die Winterstiefeln sind merkwürdig ungeschlachtet; wie ein paar rothe Säulen stehen die kurzen Schäfte, deren Breite beinahe dem ganzen obern Fußblatte gleich kommt. Darunter nun Hufeisen und einige hundert Nägel, so daß es auf dem Steinpflaster wie das Rasseln eines eisenbeladenen Wagens klingt.

Der Serbe ist in seinem Umgange gefällig und zuvorkommend, dabei aber falsch und im höchsten Grade miß=

trauifch; er glaubt fich überall betrogen und bevortheilt, was wohl noch eine Folge des türkifchen Druckes fein mag. Die Gaftfreiheit ift bei ihnen zu Haufe; trifft man fie zufällig bei der Tafel, fo wird man auch aufgefordert, mitzueffen. In ihren Sitten und Gebräuchen liegt noch vieles aus der türkifchen Zeit, fo zum Beifpiel kennen fie kaum unfere Tifche und Stühle, jedes Zimmer ift mit Teppichen belegt, rings herum an den Wänden Polfter und über diefen Heiligenbilder, ein Heiligenfchrank mit der Lampe, und Waffen, die oft als Beute aus dem türkifchen Kriege oder als alte Familien=Erbftücke reich und prächtig gearbeitet find. — Jeder, der das Zimmer betritt, entblößt feine Füße und tritt auf Strümpfen hinein, huckt fich türkifch auf der Erde nieder und erkundigt fich nach dem Befinden jeder einzelnen Perfon durch die monotone Redensart Kakofté. Hierauf wird er wieder von jeder anwefenden Perfon ebenfo mehreremale nach feiner, feiner Familie und feiner Bekannten Gefundheit und Befinden gefragt, bis endlich die Tochter des Haufes dem Gefpräch durch Herumreichen von Gelées und Waffer ein Ende macht. Jeder nimmt mit dem beiliegenden Löffel einen Biffen Gelée aus der Schaale und trinkt gemeinfchaftlich mit allen aus dem mächtig großen Wafferglafe. Ift auf diefe Art die Runde gemacht, fo kommt Rakih, ein aus Pflaumen gebrannter Branntwein, und Confekt. Der Rakih muß mehreremals herumgehen, und anftändigerweife werden vor jedem Glafe mehrere Höflichkeitsformeln hergefagt, die die ganze Gefellfchaft erwidert. Nach jedem Trunke erfchallt von allen Seiten ein „Naftravi" oder „zur Gefundheit", worauf man fich ringsum verbeugt und beftens dankt. Diefe Redensarten bilden die ganze

Conversation; um das Schweigen angenehmer und mehr zur
Pflicht zu machen, werden Schibuks oder Pfeifen herum=
gereicht, die jeder ohne Ausnahme rauchen muß. Schwarzer
Kaffee in kleinen komischen Täßchen auf silbernem oder ver=
goldetem Untergestelle macht den Beschluß; man dankt be=
stens, legt den Schibuk fort und empfiehlt sich. Ist zufällig
ein Festtag, wie z. B. Nikolaus, Paul, Peter ꝛc., wo ein
großer Theil der Nation ihren Namenstag feiert, so macht
man bei Allen dieses Namens Visite, wo sich derselbe Akt
beständig erneuert. Die Unterhaltung ist also höchst trocken
und langweilig; da aber diese Leute ihre Liebe zu einander
durch Essen und Trinken, ihre Bildung durch kunstgemäßes
Rauchen und durch einige Redeformeln aussprechen, der
Magen übrigens ihr ausgebildetstes Organ ist, um den sich
alle ihre Ansichten und Absichten, wie die Erde um ihre
Achse, drehen, so kann man sich leicht denken, daß man sie
durch eine geistreiche Unterhaltung nur in Verlegenheit setzt,
ohne sich ihnen artig erweisen zu können. Sucht man eine
lebhaftere Unterhaltung, einen freiern Zirkel, so muß man
ein Gasthaus frequentiren, die aber in ganz Serbien ohne
Ausnahme so schmuzig und so schlecht bedient sind, wie in
Spanien. Das erste Belgrader Gasthaus würde in Deutsch=
land der ärmste Tagelöhner Anstand nehmen, zu besuchen;
hier aber, wo kein anderes existirt und wo man hingehen
muß, wenn man irgend jemand sehen und etwas Neues
erfahren will, lernt man bald die Unannehmlichkeiten über=
sehen. — Der Charakter des ächten Serber ist zu einseitig,
als daß er sich aus Unterhaltung und Umgang mit andern
Personen etwas mache; er sitzt den Tag über mit unter=
geschlagenen Beinen in seinem Laden oder Werkstätte, geht

zum Essen und Schlafen nach Hause, und beginnt den
andern Tag das alte Leben von neuem. Natürlich ist ihm
unser Leben, unsere Sitten ein Anstoß; unsere Theater, Bälle,
Concerte ꝛc. würde er für irreligiös halten, sie fliehen und
sich in sein Nichts zurücksehnen. Aus diesem Grunde ist
der Deutsche, der ein Kaffeehaus besucht oder gar darin
wohnt, in seinen Augen schon ein Umtreiber; wer eine laute
joviale Unterhaltung führt, beträgt sich unanständig, wer,
froh durch Wein angeregt, persiflirt und heitere Witze um
sich streut, benimmt sich in seinen Augen polizeiwidrig.

Wenn der höher stehende Beamte, der gebildete Kauf=
mann seine vaterländischen Sitten im Allgemeinen auch bei=
behalten hat, so hat er auch wohl verstanden, türkische
Anhängsel von angestammten serbischen Gebräuchen zu unter=
scheiden. Die Zirkel sind in solchen Häusern ähnlich wie
bei uns, frei und unterhaltend. Am Penatenfeste, oder
Feste des Hauspatrons, findet gewöhnlich eine Mittagsmahl=
zeit statt, der das herkömmliche Händewaschen, Kreuzmachen
und Beten nach löblicher alter Väterweise vorausgeht; dann
bekommt jeder seinen Wein in einer eignen Flasche vor sich
gestellt, die, kaum leer, schon wieder angefüllt wird; in der
Mitte des Tisches steht ein brennendes Wachslicht neben
einer aus gekochtem Weizen und Zucker zugerichteten Speise,
aus deren Mitte sich ein weißes Zuckerkreuz erhebt. — Es
werden viele Gesundheiten getrunken, wobei nur nie die
Weiber erwähnt werden dürfen, denn diese stehen bedienend
hinter den Stühlen der Männer und haben keinen Platz
am Tische, sondern nur in der Küche am Feuerheerde. Das
Singen ist ein steter Begleiter beim Desert, besonders wird
bei einer feierlichen Gesundheit das „nam mlogo letto" oder

„noch viele Jahre" monoton in bestimmter Gesangsweise vielmal hintereinander abgeleiert. Nach Tische wäscht man die Hände, trinkt Kaffee, raucht einen Schibuk, küßt sich wie beim Empfang, die Mädchen küssen den Männern die Hand und man empfiehlt sich.

Ebenso einfach wie das Leben des Bürgers, des Landmanns, des Beamten, war auch das Leben des Fürsten Milosch Obrenowitsch in seinem Konak in Kragujewatz. Brach der Tag des Sommers an (des Winters noch ein oder zwei Stunden vor Tage), so stand er auf, und nachdem er ohne große Bedienung sich vollständig angezogen hatte, trank er seinen Rakih, seinen schwarzen Kaffee und rauchte seinen Schibuk. Der Kanzelei-Direktor theilte ihm alles Neue mit, was in jeder Branche der Staatsverwaltung sich ereignet hatte, belehrte oft den wißbegierigen Fürsten über diese und jene Einrichtung eines auswärtigen Staates, stellte ihm Fremde vor; der Fürst ließ die höchsten seiner Beamten oft aus ihren Kanzeleien rufen, um von ihnen Aufklärungen jeder Art zu haben; mit einem Worte, bis zur Mittagstafel, die um 10 Uhr Vormittags stattfand, war er gänzlich Staatsmann. Zur Tafel wurde seine nächste Umgebung gezogen, seine Adjutanten, sein Kanzelei-Direktor, einige andere Beamte, sein Leibarzt. — Die Kost des Fürsten würde einen wohlhabenden deutschen Handwerker nicht zufrieden gestellt haben; sie war nicht allein beinahe zu einfach, sondern nach serbischem Geschmack auf kaum genießbare Art dargestellt. In den strenggehaltenen serbischen Fasten, die einige 20 Wochen des Jahres ausfüllen, sind weiße Bohnen die gewöhnliche und beliebteste Kost, nur bisweilen durch Linsen und Sauerkraut abgelöst, — dabei aber alles so stark gepfeffert und mit Knoblauch und Zwiebeln versehen, daß ein eigenthümlich von Kindheit an daran gewöhnter Magen dazu gehört, diese Kost ertragen und verbauen zu können. Oft klagten die Beamten recht bitter über ihr verlornes schönes Mittagsbrod, wenn der Fürst sie zu sich einlud; sie aßen lieber in dem schlechten Kragujewaßer Wirthshause, als an der fürstlich serbischen Hoftafel. Pracht war ganz entfernt, gewöhnliches Fayance-Geschirr, ein Tisch zum Appetitmachen, einen Rakih, nach Tische schwarzen Kaffee. Der Fürst, der selbst sehr stark ißt, hätte es gewaltig übel genommen, wenn man sich aber schon vorher satt gegessen hätte und nun mit langen Zähnen etwas zu sich nähme; er liebte es, tüchtige Kompagnons bei der Schüssel zu finden, und konnte unnütze Komplimente durchaus nicht leiden. Der Wein der fürstlichen Tafel war ein einfacher Landwein und machte durch seine Säure die Zähne stumpf. In jeder Mehanné oder ordinairem Wirthshause kauft man denselben Wein für 30 Para, und ich bin fest überzeugt, daß die meisten Beamten Serbiens ihren Tisch und ihren Wein mit dem des Fürsten nicht gerne vertauscht hätten. Der Koch des Fürsten sieht in seinem Amte wie ein Schlächtergeselle, der eben Eingeweide geputzt hat, aus, die weiten serbischen Hosen vom Fett glänzend, eine schmuzige blaue Schürze, ein alter beschmierter rother Fez auf dem Kopfe, unter dem immer der Schweiß hervorquillt, die Hemdärmel bis oben hinauf aufgerollt, ein furchtbares Messer in den Zähnen, zerlegte er das Geflügel mit der größten Geschicklichkeit mit den Händen und brauchte nur das Messer zum Durchhauen größerer Knochen. Sein Schnupftuch hat hier die ökonomische Anwendung als Serviette, seine

Nase bedarf nur der fettglänzenden Hände und der Küchenschürze, die Finger ersetzen in allen Fällen die Gabel, denn nicht allein das Fleisch, welches er in dicken ungeschlachteten Klumpen aufschichtet, nein, sondern auch das Gemüse wird auf diese Art zugerichtet. — Wenn man diesen Gaumenkünstler einmal fungiren sah, war aller Appetit weg, und man suchte sich gerne stille zu entfernen, damit man nicht von seinen schönen Produkten etwas zu genießen brauchte.

War nun das Diner nach einer guten halben Stunde vorüber, war der Kaffee bequem geschlürft, die Pfeife geraucht, die Hände und das Gesicht gewaschen, so wurde ein Mittagsschläfchen von circa einer oder anderthalb Stunden gehalten. Nach diesem ritt der Fürst entweder mit seinen Kawasen, der Leibwache, spazieren, oder auf die Jagd, oder in seinen Thiergarten, oder er spielte eine Partie Billard mit seiner Umgebung, und war vergnügt, wenn er einige Partieen gewinnen konnte. War der Fürst auf der Jagd gewesen und hatte Glück gehabt, so war er gewiß gut aufgelegt und man konnte sicher darauf rechnen, bei einer Audienz sein Glück zu machen. — Der Kanzelei-Direktor begann wieder seinen Vortrag, las auch dem Fürsten etwas vor, bis um Sonnenuntergang Abendbrot, in noch einfacherer Art, wie das Mittagsmahl, genossen ward. Die Abendtafel ward einige Stunden verlängert, und es herrschten dabei heitere Gespräche, der Fürst hörte gern die Stadt- und Familien-Neuigkeiten, um sich mit dem innern häuslichen Leben seiner Unterthanen bekannt zu machen. Endlich ging der Fürst früh schlafen, um ebenso früh den andern Tag wieder aufzustehen. Von andern Unterhaltungen war an seinem Hofe gar nicht die Rede; Concerte, Schauspiele,

4

Bälle und dergleichen moderne Nothwendigkeiten waren gänzlich verbannt. Der frühere Direktor der serbischen Typographie, Bärmann, ein unternehmender geistreicher Kopf, der seiner Umgebung zu sehr über den Kopf weg sah, um sich in seiner Stellung erhalten zu können, wußte den Fürsten zur Errichtung eines Liebhabertheaters zu bewegen, wo in serbischer und deutscher Sprache agirt wurde. Der Fürst gab zur Einrichtung bedeutende Summen her; das Theater war bald zusammen geschlagen, Maschinerien und Coulissen arrangirte Bärmann, der Fürst gab seine eigene zahlreiche und gutbesetzte Musikbande zum Orchester und die Vorstellungen begannen. Es war ein Dorftheater, wie man sie in Deutschland findet, und alles neu, das heißt auch die Schauspieler. Die lächerlichen Sachen gingen am besten, weil jeder über seinen umgewandelten Freund lachen mußte. Der Fürst amüsirte sich anfänglich sehr gut und unterbrach oft das Ganze durch seine launigen Einfälle; hatte zum Beispiel im Laufe des Stücks die Bande eine Piéce, besonders einen Marsch gespielt, der ihm gefiel, so mußte ohne weitere Umstände Einhalt gemacht und diese zwei bis viermal repetirt werden. Nach und nach verging dem Fürsten die Lust dazu, es kamen andere Sachen zum Vorschein und alle diese Unternehmungen hörten bald auf. — Man darf vielleicht hoffen, daß der jetzige junge Fürst, der doch in Tunis war, die Welt gesehen und viel Sinn für dergleichen Lebenslust und Heiterkeit hat, ein Theater später an seinen Hof zu fesseln wissen wird. Die Concerte des Hofes an den Gallatagen beschränken sich auf das schrecklich fatale Musiciren einer bettelhaften Zigeunerhorde; sie stellen sich auf dem Hofe auf und beginnen nach langem Stimmen ihre Musik.

Wenn der Fürst eine Reise antrat, so geschah sie mit einer Begleitung, wie sie bei uns im Mittelalter Sitte war. Auf einer Reise von Kragujewatz nach Belgrad im Monate Januar begleitete ich den Fürsten, der zur Veröffentlichung der Constitution dorthin abging. Bei Tagesanbruch setzte sich der Zug in Bewegung. Voran die Tartaren, denen die fürstliche Leibwache oder Kawasen mit ihrem Major, alle zu Pferde und bis an die Zähne mit Flinten, Säbeln, Dolchen, Pistolen ꝛc. bewaffnet, dann der Fürst in einem sechsspännigen Wagen mit einem Diener, der hinten mit herabbaumelnden Beinen aufsaß, folgten. Hinter dem Wagen des Fürsten seine nächste Dienerschaft, der Schibukschia oder Pfeifendiener, der Kaféschia oder Kaffeebereiter, der Barbier ꝛc., ebenfalls zu Pferde; hinter diesen die 4 und 2spännigen Wagen der ersten Beamten, die Pack- und Küchenwagen, und zuletzt die serbische Hofkanzelei auf zweien Miethwagen, die so wie unsere Bauerwagen aussehen. — Die Reise ging sehr langsam, in jedem Dorfe standen die Bauern in Reihe und Glied, ehrerbietig mit abgezogenem Fez, um dem durchreisenden Fürsten ein Glas Wein zum Empfange oder Obst darzubieten. Durchschnittlich machte man keinen Tag mehr als 7 Stunden, und kehrte Nachmittags um 3 Uhr schon in's Quartier ein, wozu sich auf den bestimmten Stationen sogenannte Konaks für den Fürsten befinden, die, schön geheizt und vorgerichtet, ein gutes einladendes Nachtlager abgeben. Die andern Beamten mußten sich mit Strohhütten auf dem Hofe begnügen, in denen während der ganzen Nacht klafterlange Baumstämme das Feuer unterhielten. Der Koch begann seine Funktionen, man stillte seinen Hunger und legte sich schlafen, um den andern Tag, wenn der

Morgen graute, wieder fortzufahren. — Das Essen auf der ganzen Tour war natürlich jämmerlich, und nur mit vieler Mühe gelang es bisweilen einem der Beamten, sich von der Tafel des Fürsten los zu machen und sich von irgendwo anders her etwas kalte Küche zu besorgen. — In den 3 Tagen der Reise gab es zum Mittag= und Abendbrot 5 mal Sauerkraut mit unabgewaschenem halbgeräucherten Speck und Schaaffleisch gekocht, — wer seine Gesundheit liebte, war förmlich genöthigt, entweder karthäusermäßig zu fasten oder zum Rakih zu greifen. Bei der Mittagsruhe war es noch viel undelikater, die Vorbereitungen verdarben schon den ganzen Appetit. Da der Mehannschia oder Gastwirth natürlich nicht im Stande gewesen war, bei der Einfachheit seiner wirthschaftlichen Einrichtung für circa 100 Personen ein sättigendes Mittagsessen zu besorgen, so hatten die Dorf= ältesten die Besorgung der übrigen Küchengegenstände mit den übrigen Bauern übernommen; bald brachte dieser, bald jener unordentliche Bauer in einem alten Fetzen gebratene Spanferkel, Puter= und Entenbraten herbei. Der Oberkoch riß nun mit den Händen die schwachen Gebeinchen ausein= ander, wischte mit dem Schnupftuch die fürstlichen irdenen Teller, die der Mehannschia hergab, reinlich ab, putzte die Ritzen mit dem Nagel des Fingers sorgfältig aus, und legte von allem die besten Bissen auf. Das übrige bekamen die Beamten, die sich auf der Erde mit untergeschlagenen Bei= nen setzten, und da von Gabel und Messer keine Rede war, mit einem hölzernen Löffel und den Fingern zugreifen muß= ten. Ein großer Kessel mit obigem beschriebenen Kohl machte die Kost der an 60 Mann starken Leibwache aus; jeder be= kam einen Löffel und ein Brot, zog sein Messer und machte sich zum Essen fertig. Der erste Kreis um den Kessel hockt, der zweite hinter ihm kniet und der hinterste steht und läßt seine Bissen, ehe sie zum Munde kommen, über ein halb Dutzend Köpfe fortgehen. Die Hälfte der Löffel mochten mitgegessen sein, denn sie kamen nie wieder zum Vorschein.

So langten wir in Belgrad an, hungrig, durstig, schläfrig, mit den angenehmsten Rückerinnerungen schmeckte uns die freilich auch schlechte Kost des Belgrader Gasthauses wie Nektar und Ambrosia.

Unternimmt man in seinen eigenen Angelegenheiten eine Reise durch Serbien, so kommt es sehr darauf an, welche Straße man wählt, welche Witterung herrscht und wie man sich vorgesehen hat, um, im Fall es sei die Zeit der Fasten, nicht ganz schlecht leben zu müssen. Bei schlechtem Wetter, besonders im Herbst und Frühjahr, sind alle Wege inpraktikabel; ich selbst habe einst auf 20 Stunden Wegs 5 Tage gebraucht, um mich, von Ochsen gezogen, durch den Schmuz schleppen zu lassen. Wer also irgend das Fahren entbehren kann, wem es besonders um die pittoresken Partieen des schönen Landes, um die malerischsten An- und Aussichten zu thun ist, wähle beständig die Reise zu Pferde. Sei der Weg noch so grundlos, die gefährlichsten Stellen, die schlüpfrigsten Wege passirt das serbische Pferd, in Folge früher Angewöhnung, mit der größten Sicherheit; dabei gebraucht es die geringste Bedienung, findet in jedem Walde, auf jeder Wiese sein Gras, in jeder Mehanné Hafer oder Gerste. Die türkischen, hier allgemein gebräuchlichen Sättel erleichtern ungemein das Reiten; man sitzt bequem, weich und sicher gegen das Hinunterfallen. Wenn unsere Landschaftsmaler, die ganz Europa überschwemmen, die schon so oft genöthigt sind, schöne Gegenden zum zweiten und drittenmal abzuzeichnen, da alles vielfach durch Kupfer-, Stahlstiche und Lithographieen bekannt ist, wenn diese einen oder zwei Monate Zeit nicht scheuen, so finden sie, bei geringerem Kostenaufwande als anderswo, in Serbien die schönsten Partieen für ihre Skizzenbücher. Serbien ist noch nie in der Art erforscht, hier hat noch keine Stallfütterung das idyllische Schäferleben, kein Frack die orientalische Staffage verdrängt, überall Bilder eines neuen unbekannten Lebens, stets wechselnde Gruppirungen mit den herrlichsten Landschaften als Hintergrund. Diese ewigen Urwälder, reich an der seltensten Flora, die undurchbringlichen Eichenwälder mit der größten Fauna Europa's, bieten Baumgruppirungen, Lichteffekte, wie ich sie nirgends gesehen habe. — Die zerrissenen rauhen Gebirge des Südens, Vorgebirge des Balkans, mit tiefen wasserreichen Schluchten, grünen Thälern, alten denkwürdigen Ruinen serbischer Kaiserzeit, alles dieses, mit der größten Sicherheit der Person und des Eigenthums gepaart, ist gewiß lockend genug. Wenn auch Siebenbürgen Aehnliches bietet, so muß man nicht vergessen, daß die energische, bisweilen sogar despotische Strenge des Fürsten eine Sicherheit geschaffen hat, die in allen jenen idealen Ländern der Landschaftsmaler nicht zu finden ist. Man reist in Serbien in den rauhsten Distrikten von Meidan Bek und Mokra Gora ebenso sicher, wie von Berlin nach Hamburg, und gewiß sicherer, als in den Apenninen und Pyrenäen.

Während meines ganzen Aufenthalts in Serbien habe ich nie erfahren können, daß auch nur einer jener reisenden Jünger der Kunst hier gewesen wäre; scheut man sich etwa vor der Pest oder vor der 10tägigen österreichischen Kontumaz?

Ersterer ist der Eingang in Serbien versperrt, die Quarantaine=Anstalten sind vollkommen der österreichischen gleichzustellen, die Verwaltung des Ganzen unter dem jetzigen würdigen Chef überhebt jede Sorge, und vollends erscheint die österreichische Kontumaz als eine Wohlthat. Ich habe stets gefunden, daß sich nirgends ungestörter und erfolgreicher arbeiten läßt, als während dieser 10 Tage. Man ist auf sich, seine Studien beschränkt, wird durch niemand gestört, hat also dann die schönste Gelegenheit, gesammelte Skizzen weiter auszuarbeiten, zu vollenden, die Feder zur ewigen Erinnerung zu ergreifen und das in dem Drang der Geschäfte vielleicht versäumte Reisejournal nachzutragen. Die Einrichtung der Kontumazen ist so bequem, so angenehm, die Bedienung so prompt und so gut, daß der Gebildete, der in sich Stoff genug findet, leicht 10 Tage die Außenwelt entbehren kann. Dabei sind die Reisekosten sehr unbedeutend. Das Dampfboot von Wien bis Semlin fordert nur einige 20 Gulden C. M., also mit Kost circa 30 Gulden, dasselbe zur Rückreise, sind 60 Gulden C. M.; kommt hierzu ein monatlicher Aufenthalt in Serbien, den man höchstens mit allen Reiseunkosten auf 40 Gulden C. M. anschlagen kann, und 20 Gulden C. M. zu Extra=Ausgaben, so wie für die Kontumaz, so kann man bequem mit 120 bis 150 Gulden C. M. die schönsten Ansichten sammeln, nicht allein der Natur abgelauscht, auch im Genrefache und andere Studien, die alle wegen ihrer Neuheit sich höchst vortheilhaft darstellen würden. — Mit Postpferden gelangt man durch ganz Serbien, indem man für ein Pferd pr. Stunde den unbedeutenden Preis von 1 Piaster oder etwas mehr als 5 Kreuzer Münze zahlt. Nimmt man nun einen Burschen als Dolmetscher aus Belgrad mit, und bezahlt überdies das Pferd des Postführers oder Serudgia, so hat man 3 Pferde zu bezahlen, geht nach den entferntesten Punkten ab, quartirt sich in irgend einem Dorfe ein und sammelt aus der ganzen Umgegend seine Studien, bis man sie ganz ausgebeutet hat, und einige Meilen weiter geht. Die Landleute sind sehr gefällig; ohne Bezahlung zu verlangen, führen sie den Fremden gern überall hin und benachrichtigen ihn bescheiden auf jede artige Frage. — Es ist aber auch nöthig, sich mit einigen Gegenständen der Tafel zu versehen, denn die Mehannén der abgelegenen Orte bieten wenig mehr als Brot, Wein und Rakih. Die Mehannés der Hauptstraße sind nicht besser, nur mit etwas mehr Bequemlichkeit und den unhöflichen Wirthen, wo man, selbst in den elegantesten, nie auf ein Bett oder auch nur Decken rechnen kann, denn diese, sowie die Waffen, verlassen nach alter hergebrachter Sitte den Reisenden nie. Besonders bei schlechtem Wetter sind diese Mehannés wahre Höhlen der Unreinlichkeit und Betrügerei. Das schlechteste slawakische Bauernhaus ist dagegen ein Pallast und die Bezahlung im ersten Hôtel Wiens dagegen im Verhältniß eine Kleinigkeit. — Doch wohl dem, der noch etwas bekommt, und dem die Gefälligkeit des Wirths ein Plätzchen an dem in der Mitte der Höhle brennenden Feuer gestattet. — Diese Kabanen geben den besten Beweis für Serbiens Kulturzustand, der noch weit hinter Sibiriens Einöden zurückbleibt. Bemerkenswerth ist dabei die horrible Grobheit der Wirthe. Man liegt auf einer hölzernen Pritsche und erhält nach langem Bitten Wasser und Licht. Nun sammelt sich das ganze Collegium von Bauern, Viehtreibern, reisenden Beamten ꝛc. um ein

1 Fuß hohes schmuziges hölzernes Tischblatt und langt mit den Fingern in die gewöhnliche Kost, welche aus faulem Kohl und an der Luft getrocknetem alten Schaafs= oder Ziegenfleisch besteht. Dazu giebt es einen Rakih, den man in Gedanken für verdünnte Blausäure trinken könnte, oder einen Wein, der nicht zu genießen ist. Wer also durch diese Hindernisse sich nicht abschrecken läßt, wem Entbehrungen zu ertragen Kleinigkeiten sind, der versäume nicht zu gehen, und er wird dort finden, was die Schweiz, Italien und der Orient ihm bieten kann, in einem kleinen Ländchen vereinigt.

Die Städte Serbiens gleichen unsern Landstädten, sie sehen ärmlicher aus, sind es aber nicht, denn da der Serbe Luxusbedürfnisse nicht kennt, so steckt er das Geld in den Kasten oder hängt es seiner Frau und seinen Kindern um den Hals und um den Kopf. Diese Sucht, sich mit Geld zu behängen, ist ganz eigenthümlich und ausgeartet; sie hungern lieber, ehe sie einen Dukaten oder einen Zwanziger ihres Schmuckes abschneiden; sie sehen hierbei in der Masse des Geldes eine Art Ständeunterschied. Während die Reiche einige hundert Dukaten als Halsbänder und Kopfschmuck trägt, verpanzert sich das Bauerweib in Piastern, Zehnern und Zwanzigern. — Ihr Mantel von weißer Wolle, mit bunten rothen Lappen ist mit Paras gestickt, ihre mit Federn garnirte Mütze rings herum dick mit altem Silbergeld benäht und von beiden Seiten hängen lange Zwanzigerschnüre, wie bei einem schellenbehängten Pferde, klappernd hernieder. Ein Dutzend solche Weiber mit ihren athletischen Männern zu Pferde, dabei die Mädchen mit hoch aufgeschürzten Klei= dern nebenbei laufend, rothen Mützchen und an langen

Stangen Milch, Früchte und Geflügel auf der Schulter tragend, giebt ein eigenthümliches Bild. Vor der Stadt steigen die Weiber ehrbar von den Pferden hinunter, leiten sie an dem hanfenen Zaume in die Mehanné, dort lagert sich alles um das Feuer, frühstückt, die Männer legen ihre Waffen ab, und der Handel und Wandel auf dem Marktplatz beginnt. — Der Wein ist sehr billig, bei besserer Pflege und besserer Kellerei könnte er den ungarischen Produkten gleich kommen; in weinreichen Jahren kommen die Fässer theurer als der Wein zu stehen. Für 2½ bis 3 Kreuzer Münze kauft man von einem guten Rothwein das Maaß, jedoch natürlich ohne Faß. Alle Verkaufsgegenstände gehen nach dem Gewicht, sie werden nach der Okka abgewogen, die 2½ Pfund ausmacht. — Nächst dem Wein ist der Branntwein ein Haupthandelsartikel; jeder Bauer zieht zahme und wilde Pflaumenbäume in Menge, und weiß nichts weiter von ihnen als Rakih zu bereiten. Er steht mit dem Weine in gleichem Preise. Weil er eine Menge Blausäure enthält, so glaube ich, daß er bei dem großen Quantum der Consumtion der Nation nachtheilig ist; der bleiche Teint, das fahle Aussehen der Arbeiter in den Städten mag theilweise hiervon herrühren. Da der Serbe gerne Bier trinkt, sich dieses aber wegen des hohen Preises aus Oesterreich nicht beischaffen kann, so muß er eines Getränkes entbehren, das ihm unendlich vortheilhafter als der schlechte Branntwein ist. — Butter bereitet man beinahe gar nicht. Die Milch dient, wie sie von der Kuh kommt, zum Käse, der auch wirklich an einigen Orten ganz delikat ist und dem berühmten ungarischen Groyer-Käse wenig nachgiebt. — Obst giebt es im Ueberflusse, nur fehlt alle Baumzucht, weshalb auch keine eblere Fruchtart zu bekommen ist; die Bäume wachsen auf, werden mit ebenso schlechten Obstarten veredelt und belohnen, außer den Pflaumen, kaum das Anpflanzen. Gemüse könnte Serbien, bei seinem herrlichen Gartenboden, unendlich viel erzeugen; gegenwärtig giebt es nur in Belgrad das Nothwendigste, das Bessere muß man noch immer aus Oesterreich kommen lassen. — Es ist zu hoffen, daß bei der jetzt erfolgenden Einwanderung deutscher Familien auch hierin vieles geschehen wird; daß die als tüchtige Landwirthe bekannten Sachsen und Würtemberger es verstehen werden, den benachbarten Banat in Erzeugung aller dieser Produkte zu überholen, denn bei Kenntniß und Fleiß ist nichts leichter als dieses, weil der Boden, die herrlichsten Gegenden, Reichthum an Holz, Ueberfluß an Wasser sich vereinigen, um die Arbeit zur Kleinigkeit zu machen. Die serbische Regierung hat einstweilen 50 sächsischen Familien die Einwanderung und den Ankauf im ganzen Lande erlaubt, ihnen eine 5jährige Abgabenfreiheit und Lieferung von Bauholz zu ihren Etablissements versprochen. Die Auswanderer sind sämmtlich Handwerker und Fabrikanten, und hiermit wäre also der Weg eröffnet, der Anfang gemacht, Serbien aufs Neue in den Bereich der kultivirten Staaten zu erheben. — Der innere Reichthum Serbiens ist unglaublich; Metalle aller Art, vom Golde herab bis zum Eisen, verbergen die Gebirge im Ueberfluß, überschwengliche Holzmassen und große Steinkohlenflötze durchstreichen einen Theil des Landes. Besonders Eisen und Kupfer ist im größten Maaße vorhanden, das Eisenerz steht zu Tage aus, der Sand vieler Gebirgsbäche spült Goldsand mit sich. — Bis jetzt ist aber noch gar nichts geschehen, um diese Beute zu gewinnen;

stundenlange Schlackenberge, in den tiefer zerrissenen Thälern des Hochgebirges aufgeschichtet, sind deutliche Spuren, daß die Oesterreicher, als sie Herren des Landes waren, es besser verstanden, sich dieser Reichthümer zu bemächtigen; es lebt zur Stunde noch bei dem Meidan Bek ein Greis von 120 Jahren, der selbst in den dortigen Eisenwerken gearbeitet hat, die nach seiner Aussage über 800 Menschen beschäftigt und reichlich ernährt haben. Dabei sind die Schlacken so reichhaltig, daß der Beamte, der sich wo anders eine so schlechte Manipulation jetzt zu Schulden kommen ließe, unstreitig kassirt werden würde. Im Rutniker Gebirge, in einer der schönsten Partieen Serbiens, befinden sich viele verfallene Silbergruben, deren Eröffnung leicht wäre, da sie nur geringe Teufe haben, größtentheils ersoffen und von der spätern Regierung gänzlich vernachlässigt sind. Die Landleute jener Gegend wissen viel von fuß= und kopfgroßen Stücken zu erzählen, die sie und ihre Aeltern oft im gediegenen Zustande gefunden haben. — In demselben Gebirge befindet sich ein Sauerbrunnen, dessen Wasser, höchst lieblich, sich gut hält, aber beinahe gar nicht benutzt wird. In der Gegend von Alexinaz befinden sich warme Bäder, deren Heilkraft unglaublich ist, die die schönste Schweizerlandschaft haben und ebenfalls beinahe gar nicht gebraucht werden. Außerdem giebt es eine unendliche Masse warmer und kalter Mineralquellen, um deren Untersuchung man sich noch gar nicht bekümmert hat.

Es ist traurig, die herrlichsten Saaten ausgesäet zu sehen, Schätze, wie sie kein Land kennt, und keine Anstalten, sie dem Lande abzugewinnen; ich habe öfters darüber gesprochen, ohne Gehör zu finden, ich habe dagegen geschrie=

ben, ohne daß es berücksichtigt wurde, und reichte auch umsonst an Herrn Rabitschewitz ein Memoire über diesen Zweck ein, was aber keinen Einfluß haben konnte, da umgeänderte Regierungsprinzipe diesen Mann von seiner einflußreichen Stellung herabgestoßen hatten. Ich schrieb: „Das Mißverhältniß der wenigen technischen Subjekte zu den Bedürfnissen des Landes ist so schreiend, daß es in's Unglaubliche geht. Würtemberg, welches ungefähr halb so groß ist wie Serbien, unterhält ein Ingenieur-Corps und ein Heer von Beamten, um schon vorhandene Baulichkeiten im Stand zu halten — und Serbien, mit undurchdringlichen Wäldern, Gemsenpfaden anstatt Straßen, mit öffentlichen Gebäuden wie die ärmlichste Privatwohnung, hat nur 2 Ingenieure, 3 Bergbeamte, wo letztere noch dazu verabschiedet wurden, weil man sie nicht gebrauchen wollte und für überflüssig hielt, — hier, wo 30 Ingenieure zehn Jahre lang an den Vorarbeiten zu thun hätten, ehe zu einer, dem Lande, dem Finanzwesen, in Betreff des Steuerdepartements so überaus nöthigen Katastrirung geschritten werden kann. — Ich kenne den ewigen Refrain bei Vorstellungen der Art, „haben Sie Geduld!" Hier darf aber keine Geduld der Art sein, Geduld ist Lauheit, Lauheit ist Erschlaffung, Erschlaffung aber der moralische und physische Tod. — Was hindert, sprachkundige Individuen aus Ungarn herüberkommen zu lassen, was hindert, Einrichtungen der Art mit der Kraft eines Peter des Großen zu treffen? es ist mit einem Worte dasselbe Unglück, das schon lange Zeit den Staat gefährdet, der alte Schlendrian. Man debattirt lieber tagelang über unbedeutende Kleinigkeiten, bekrittelt alte Einrichtungen, die jetzt, da ein anderes Regierungsprinzip sie gründete,

rasch umgestoßen werden müssen, statt mit ausdauernder
Energie den Krebsschaden des Staates auszuschneiden, zu
handeln und lieber einen zu vernichten, um hunderte zu
erhalten, Unkraut zu verbrennen, um die junge aufsprossende
Saat zu beschützen. Wir leben in einer Zeit, wo das Motto:
„mein Vater hat es so gemacht, ich mache es auch so",
nur Schimpf, Schande, Tod und Verderben nach sich zieht.
Stillstand ist unmöglich. Das Rad der Zeit rollt brausend
fort; wer in seine Speichen eingreift, wird zerschmettert, und
der greift in dieses furchtbare Rad, der nicht fortschreitet,
der stillsteht und somit zurückgeht. Also vorwärts, sonst
tödtet Erschlaffung, und der Abgrund des Untergangs, der
dann entgegengähnt, ist furchtbarer als das ganze Serail
mit allen seinen Pascha's." —

Hoffen wir jetzt das Beste, es stehen ja drei Männer
an der Spitze, die den Fürsten ersetzen können, die die
Energie desselben haben und gewiß auch den besten Willen.
Der Senat aus seinen 17 Mitgliedern ist nur zu vielfach,
die meisten dieser Herren haben gar keinen Begriff von
Industrie, Kunstfleiß und Aufschwung der ganzen nationellen
Verhältnisse. Ihre Ansichten sind zu beschränkt, sie machen
dadurch den Gang der Staatsgeschäfte zu langsam, zu
schwerfällig. In einem rohen, um hundert Jahre zurück-
stehenden Lande gehört ein kräftiger übersichtlicher scharfer
Geist, ein Peter der Große, der nicht durch Meinungsver-
schiedenheit 16 andrer Collegen zu ewigen Debatten verdammt
ist, ehe das Ende herbeigeführt werden kann. Die Männer
des Senats kennen größtentheils die neuere Zeit und ihre
Anforderungen gar nicht, sie sind ihrer Bauerwirthschaft,
ihrem abgelegenen heimathlichen Heerde entnommen, wo sie

sich glücklich fühlten, sie wägen das Wohl der Nation nach
ihrem eigenen ab; ihnen fehlt vor Allem Ausbildung, Fas=
sungsvermögen und Zeitkenntniß. Man thäte gut, sie auf
Reisen zu schicken, damit sie mit dem besten Willen auch
die dem Staatsmanne so nöthigen Kenntnisse erwerben und
vereinigen lernen.

Was wäre Sachsen ohne Bergbau, was könnte Ser=
bien mit Bergbau sein? Dies sind zwei Fragen, deren
Lösung ja so einfach und auch dem weniger Gebildeten die
Wahrheit meiner Behauptung aufdringen muß, daß das
wichtigste Werk zur Hebung der Kultur Serbiens, zum
Nachholen versäumter Jahrhunderte, Eröffnung des Berg=
baues ist. — Der Staat braucht überaus große Geldvor=
räthe zu seinen großartigen Verbesserungen, und der Berg=
bau kann sie darbieten und wird es thun, sobald er den
Händen geschickter Arbeiter ohne Berücksichtigung der Eröff=
nungskosten anvertraut wird. — Man geizt um Tausende,
ohne zu bedenken, daß sie hier sich zu 50 bis 150 Prozent
rentiren, also besser angelegt sind, als in dem Geldkasten
oder um den Hals und den Kopf der Frauen und Mäd=
chen. In einer Gegend des Meidan Bek gewinnen die
Bauernkinder Gold, indem sie es auf uralte Art in einem
Siebe behandeln, dabei ist noch Keinem eingefallen, die
Sache ordentlich und großartig mit Erfolg zu betreiben.
Um drei Bretter zu gewinnen, die dabei kaum anwendbar
sind, fällt man eine Eiche, einige 50 Fuß hoch und 2 bis 3
Fuß im Durchmesser, — das Beil haut mühsam diese Bret=
ter hieraus, alles übrige verfault im Walde oder versperrt
die Wege. — Serbien könnte jährlich für mehrere Millionen
Thaler Holz die Donau hinab in's schwarze Meer führen;

es wäre die beste Spekulation, da Rußland für seine Marine im schwarzen Meer, England und viele andere Staaten dort das Holz mit Freuden selbst für ziemlich hohen Preis kaufen würden. Constantinopels Umgegend ist sehr holzarm, die Stadt verbraucht viel, der Weg zu Wasser ist offen, warum benutzt Serbien ihn nicht? — Der Timok, die Morawa, die Drina, die Sava durchziehen und begrenzen das ganze Land, bei wenigen Kosten wären sie schiffbar.

Man baut Häuser aus Lehmpatzen, setzt einen schwerfälligen eichenen Dachstuhl darauf, und natürlich, der starke Regen bringt hier die Wirkung hervor, die anderswo eine Sündfluth erzeugt haben würde. — Wenn wird es anders werden? Wenn Einigkeit herrscht, Einigkeit kräftige gemeinsame Beschlüsse erzeugt, die Beschlüsse sich zur Ausführung großartiger National=Unternehmungen realisiren, europäische Kultur, Industrie und Kunst Wetteifer und Konkurrenz erzeugt. —

Serbien zeigt Beispiele genug, daß es in seiner Glanzepoche die herrlichen Schätze seines Landes besser zu benutzen verstanden hat; — uralte Klöster, von italienischen und griechischen Meistern vom besten salinischen (großkörnigen) Marmor aufgeführt, beinahe überladen mit der schönsten Sculptur, sind deutliche Zeichen, daß auch in diesem abgelegenen Winkel Europa's die alles beherrschende Kunst glorreichen Eingang gefunden hatte. Roher Despotismus unterbrach diese Glanzepoche, jedoch gerade hier zeigte sich weniger Vandalismus als irgendwo, alle diese Klöster sind wohl erhalten, und nur die sie umgebenden Festungswerke und andere Gebäude liegen in Schutt und Asche.

Die schönsten Partieen Serbiens sind indessen im Süden und Osten. Die herrlichen Donaupartieen vom Babagoy an, Alt Moldawa gegenüber, bis Skela Cladowa sind jedem Reisenden bekannt, der auf österreichischen Dampfböten die Donau beschiffte. Die wilden Felspartieen der Gegend von Milanowatz bis Fetisch Islam geben dem gegenüberliegenden österreichischen Kasaner Gebirgsbezirke, mit seiner Veteranenhöhle, nichts nach, wo möglich sind sie noch rauher und pittoresker. Diese ganze Gebirgspartie mit der Trajanstafel, die ganze östliche Grenze bis Alexinaz, ist höchst gebirgig, die Heimath von Bären, andern seltenen Vierfüßlern und vieler historischer Erinnerungen. Die Straße von Belgrad nach Milanowatz geht längs der Donau über Wischnitza, Grotzko, dem weinreichen Semendria, an dessen Hügeln man den besten serbischen Wein baut, Poscharowatz, dem Garnisonsort eines Theils der Artillerie, Neresnitza, Debele luk. Außer diesem Hauptwege giebt es noch zwei andere zu Lande, deren einer die Poststraße ist und deren keiner dem ersten an Schönheit gleich kommt. Bei Neresnitza beginnen die steilsten Urgebirge, Felsen auf Felsen gethürmt, als hätten hier die Giganten ihr riesiges Wagstück getrieben, alles mit dem schönsten Eichenwalde in seiner Urpracht bewachsen. Zwei Stunden von Neresnitza befindet sich der Keller des Kralowitsch Marko, im unzugänglichsten Gebirgspasse, wo einen Freund von mir nur das Phlegma eines Bären, dem er unvorhergesehen auf 20 Schritt sich waffenlos genähert hatte, vor dem Auffressen bewahrte. Dieser sogenannte Podrum Kralowitsch Marko wurde zufällig beim Bau einer neuen Straße aufgefunden; es ist eine tiefe Höhle, die ihren Namen von den vorgefundenen Reliquien dieses serbischen

Helden bekommen hat. — Unter vielen alten Waffen und
Münzen fand man auch eine Masse ungemein großer Huf=
eisen, eine fußlange riesenmäßige Lichtscheere und dergleichen
mehr. — Bei Debele luk im Meidan Bek liegen jene un=
geheuren Schlackenlager, deren ich schon oben erwähnte, und
in ihrer Nähe die Ruinen jener alten Bergwerksstadt, Mei=
dan Grab, die durch Festungswerke gegen feindliche Angriffe
gesichert war, an deren Stelle jetzt aber nur Bären und
andere Raubthiere ihre Behausung aufgeschlagen haben. —
Auf einem Berge, an dessen Fuße die Straße vorüberführt,
erheben sich die Ruinen zweier Kirchen, deren eine noch
ziemlich wohl erhalten ist und bei deren Erbauung Pracht
und Kosten nicht gescheut wurden, wie die weitläuftigen,
theilweise imposanten Trümmer, von denen jetzt Epheu in
langen Bogen sich herabhängt, beweisen. Die übrigen bei=
nahe unzugänglichen Gebirge dieses Winkels, die die sich
dort krümmende Donau bildet, sind das Boretschker Retschker
Gebirge, der Korske Breg oder Pferdeberg, der seinen Namen
wohl deshalb erhalten hat, weil die Straße über ihn, über
zerrissene Klüfte, steile Felsenspitzen und durch tiefe Schluch=
ten nur zu Pferde zu passiren ist, — dann der Corriba oder
der Trog, so genannt wegen seines ausgezeichneten Quell=
wassers, das selbst im heißesten Sommer eiskalt den müden
Wanderer stärkt. Wer weniger die rauhsten und gefährlich=
sten Gebirgspartieen, die serbische Schweiz, sucht, findet im
Thal der Morawa alle denkbare Schönheit der Natur im
mildern Charakter aufgehäuft. — Eine weite fruchtbare
Ebene wird rings umher von den steilsten Urgebirgen um=
geben und geschirmt, die bis hoch an die wolkengehüllten
Spitzen im frischesten Grüne der Eiche gekleidet sind. —

In diesem schönen Thale, welches ein hoher Gebirgszug vom Kragujewatzer Bezirk trennt, liegen die Städte Jagodin, Schupria, Paraczin, Kasan und Alerinaz an der türkischen Grenze, die Quarantaine-Anstalt gegen Nischa, dem Sitz eines Pascha's. —

Von Belgrad aus führt der Weg in diese romantische Gegend über Grotzko und Hassan Palanka. — Dieser Theil Serbiens ist erst seit wenigen Jahren im Besitz des Fürstenthums und kann bei gehöriger Benutzung das wichtigste Einkommen des Staates bilden. Nicht allein, daß die Ebene an und für sich im höchsten Grade fruchtbar ist, daß sie einen beinahe südlichen Himmel besitzt, indem auch gewiß bei einiger Pflege der Oelbaum und die Feige so gut, wie jetzt dort der Maulbeerbaum und die Rebe wächst, gedeihen würde, sondern die sie umgebenden Gebirge sind reich an Erzen aller Art, besonders an Blei, und große Steinkohlenflötze stehen in andern Thälern sogar zu Tage aus.

Bis jetzt ist nichts geschehen, die Morawa mit ihrer eingefallenen Brücke bei Schupria, die nun durch eine neue ersetzt werden soll, überschwemmt in jedem Frühjahr meilenweit das ganze Land, verhindert nicht allein die gute Benutzung des Bodens, die Baumzucht, sondern sie gefährdet sogar die Hauptstraße von Constantinopel nach Belgrad. Nichts thut man, diesem Uebel abzuhelfen; man läßt den Fluthen ihren Lauf, wie vor hunderten von Jahren, der Landmann nährt sich in diesem Distrikt ebenso ärmlich wie anderswo, begnügt sich noch immer mit ungenießbarem Kukkuruz oder Mais-Brod, trinkt seinen geisterschlaffenden Rakih, seinen sauren Wein, und hat keinen Sinn für Verbesserung, für Veredelung. Der Grund ist abermals hierin in der traurigen Schulverfassung des Landes zu suchen; der wie das Vieh aufwachsende Bauer hat ein unglaublich schwaches Fassungsvermögen, — wovon ihm der Vortheil nicht gleich mit blankem Gelde in die Augen fällt, urtheilt er wie wir über eine Windbeutelei; er beschneidet seinen Weinstock im Frühjahr bis auf die Wurzel ab, weil seine Väter es so gemacht haben, ißt 6 Monate Kraut und 6 Monate Bohnen, weil er dabei groß geworden ist, keine Kartoffeln, keine besseren Gemüse gesehen und von Wartung des Bodens keine Begriffe hat. — Wenn dieser Gegend, wegen der einstweiligen Unschiffbarkeit der Morawa, nicht jeder Absatz fehlte, würde kein Ort Serbiens sich besser zur Kolonisation für deutsche Einwanderer eignen; so zieht sich alles nach der weit steinigern Umgegend Belgrads, weil dort der einzige Ort für Verkehr, Handel und Wandel ist.

In den das Flußgebiet der Morawa einschränkenden romantischen Gebirgen befinden sich die meisten Klöster, sämmtlich nach ein und derselben Art befestigt, um gegen Ueberfälle räuberischer Horden und der Türken gesichert zu sein. Eine hohe viereckige Mauer mit vier Eckthürmen umgiebt in der Art, wie es auch bei Semendria dem Auge des Donaureisenden sich darbietet, die Klöster mit ihren Vorrathsgebäuden und andern Wohnungen. Hoch in einem Engpasse einige Stunden von Schupria liegt in einer herrlichen Partie das große Kloster Manassia, im alten griechischen Styl erbaut, mit gut erhaltenen Freskomalereien, Vergoldungen und Gemälden auf Goldgrund der ältesten italienischen Schule gemäß. Seine Mauerwerke, seine Thürme und Portale sind verfallen, nur zwei Mönche und einige Hirten mit ihren Heerden bewohnen diesen Sitz alter Pracht und Mönchsherrschaft. Unterirdische Gänge und zahlreiche Burgverließe sind deutliche Zeichen ehemaliger Gräuel, die hier verübt wurden. — Beinahe ebenso groß ist das Kloster Kalanitscha, ebenso verfallen, ebenso öde, dient es auch nur noch wenigen Mönchen zur Wohnung, die dort das Grab des jedem Serben unvergeßlichen Kaisers Stephan des Heiligen bewachen. — Studenitza ist das größte Kloster von allen, die Wände sämmtlich mit dem schönsten weißen Marmor bekleidet, im Innern reich an Sculptur, die sich durch saubere Ausführung und gute Erhaltung vortheilhaft auszeichnet. Der Styl der Kirche ist nicht rein griechisch, er ist gemischt und zeigt deutlich, daß mehrere Meister bis zur Vollendung daran gearbeitet haben. — Die romantischste Gegend des ganzen Landes, pittoresk und lieblich, schroff und furchtbar, wo alle Naturschönheiten sich in Fülle vereinigen, hat das Kloster Wratscheschiza in Besitz genommen. Viele jener Unglücklichen, die der strengen Gerechtigkeit oder dem Jähzorne des Fürsten fielen, liegen dort an heiliger Stätte begraben. — Diese Gegend allein könnte einen Landschaftsmaler wochenlang angestrengt beschäftigen. — Im Kragujewatzer Bezirk, in der Gegend von Belo Sabatz, liegt mitten im Urwalde das Kloster Topala, in dem der erste Befreier Serbiens, der große Räuber Cara oder Czerna Georg, begraben ist. Bei diesem Kloster befindet sich eine Festung, ebenfalls wie Semendria gebaut, in der sich lange Zeit der tapfere tollkühne Cara Georg gegen die zahlreichen Türken vertheidigte. Ein großer Leichenstein von Marmor, den der vorige Erzbischof in Pesth arbeiten und ihm setzen ließ, ziert sein Grab. — Von den wenigen Gebäuden, die hierher gehörten, ist nur noch das massive Haus Cara Georg's übrig; einer der

Ecthürme dieses kleinen Forts dient gegenwärtig zum Kirchenthurme. — Die Hauptstadt dieses Bezirks, Kragujewatz, war unter des Fürsten Milosch Obrenowitsch Regierung Residenz und Sitz sämmtlicher höchsten Behörden. Dadurch erhob sich dieses Städtchen augenscheinlich; es wurden neue Häuser in serbischer Manier gebaut, größere Gebäude auch projektirt und angefangen, Luxus und Wohlleben fing auch hier im Mittelpunkt des Landes schon an aufzutauchen, als mit einemmale der Fürst, der vermehrten Behörden wegen, die man hier nicht unterbringen konnte, seinen Sitz nach Belgrad verlegte; als der letzte Beamte Kragujewatz verließ, so wurde es ein ebensolches dorfähnliches Städtchen, wie es früher gewesen war. Die Beamten als Consumenten fehlten, die verminderte Consumtion hob die Concurrenz auf, und jetzt wäre das Leben in Kragujewatz gewiß ebenso einförmig und freudenreich, als in Ochotsk oder Schilda. Ich kann die Einwohner der Stadt nicht bedauern, denn anstatt, da jeder die Sache, wie sie kommen würde, voraussehen konnte, etwas zu thun, um diesen harten Schlag abzuwenden, anstatt vielleicht auf Kosten der wirklich reichen Gemeinde Gebäude, öffentliche Anstalten aufzuführen, bemühte sich jeder, was hier, wo aller Gemeingeist fehlt, sehr natürlich ist, soviel wie möglich zu verdienen, um den Verlust nachher verschmerzen zu können. Die Quartiere stiegen mit jedem Tage im Preise, man mußte die miserabelsten $5\frac{1}{2}$ Fuß hohen Löcher, ohne Fußboden und Fenster, mit Lehmestrich und papierverklebten kleinen Gucklöchern in den Mauern, mit 4 bis 6 Gulden Münze monatlich bezahlen. Dabei war man beinahe ganz von dem Eigenwillen dieser Leute abhängig, der Mangel jedes Contrakts, jedes gerichtlichen Abschluf=

ses der Miethe, wovon die Leute hier gar keinen Begriff haben, gab ihnen hinreichend für ihr böses Wollen Spielraum. Glaubten sie irgendwo besser ihre Quartiere vermiethen zu können, so mußte man ohne Umstände ausziehen; dabei ewige Plackereien, bald durfte man in der Fasten kein Fleisch in der Küche kochen, damit diese nicht verhext würde, bald durfte man keinen Besuch annehmen, weil die mißlaunige Hausfrau Kopfschmerzen zu haben vorgab, bald dieses, bald jenes; kurz, es war ein Zwang, als ob man in einer milden Anstalt von Gottes Gnaden wegen aufgenommen wäre. Jetzt ist es anders; alle diese theuern Quartiere stehen leer, man könnte für den zehnfachen Preis alle bewohnbaren Zimmer von Kragujewatz miethen.

Die Lage von Kragujewatz ist sehr angenehm, zwischen ziemlich hohen waldigen Bergen in dem Thal der Lepenitza, da aber die Communication mit andern Orten, zu Wasser unmöglich, sich nur auf die beinahe unfahrbaren Landstraßen beschränken muß, wird es ewig und immer ein Landstädtchen bleiben, und nicht einmal den Rang einer Fabrikstadt einnehmen können.

Die reichste und größte Stadt nächst Belgrad ist Schabatz, in der fruchtbaren Ebene, die die Drina bei ihrem Einflusse in die Sava bildet. Seine Lage sowohl, die unglaubliche Fruchtbarkeit des Bodens, als die Nähe der österreichischen Grenze, geben diesem Orte eine eigenthümliche Wichtigkeit. Bei gehöriger Benutzung der localen Verhältnisse kann Schabatz sich in kurzer Zeit unglaublich heben; es ist wohl keine Stadt in Serbien so günstig zur Colonisation für deutsche Einwanderer als diese. — Sie ist der Sitz eines Bischofs und vieler reichen Kaufleute, die sich aber bei ihrer Abneigung gegen alle größern Spekulationen stillschweigend über ihre gefüllten Kasten freuen, ohne davon für sich und die Nation einen Vortheil ziehen zu können. Die fruchtbaren Drina-Ufer, die Mabschwa genannt, liegen gerade Bosnien gegenüber, weshalb sich auch auf hiesiger Seite eine Quarantaine-Anstalt befindet. — Sie sind großen jährlichen Ueberschwemmungen ausgesetzt, die noch vor kurzer Zeit das Land weit und breit zerstörten und die Kontumaz gefährdeten, bis man durch neu gebaute Sporen oder Buhnen einigermaßen den reißenden Fluß beschränkte und seinen Strom auf die bosnische Seite trieb. — Die Bewohner dieses Bezirks sind die reichsten Landleute Serbiens; sie kennen auch wegen der Nähe Oesterreichs schon allerhand Luxus und eine gewisse Pracht, die auf ihren rohen Charakter schon einigen Einfluß ausgeübt hat. — Die Schifffahrt auf der Drina und der Sava ist noch immer sehr unbedeutend; scheut man die Kosten einer Regulirung dieser Flüsse nicht, so kann sie sich in Kurzem unglaublich heben, aber man schätzt und achtet den freien Verkehr hier noch viel zu wenig, ja man kennt die Vorzüge desselben noch gar nicht recht, so daß es nicht zum Verwundern ist, wenn der Staat nichts in der Art unternimmt, als höchstens eine Landstraße ausbessern zu lassen oder einige neue zu bauen, was obenbrein noch so übereilt und planlos geschieht, daß nach einem strengen Winter die Straßen beinahe ganz neu gebaut werden müssen. Alles ist zu flüchtig; man schneidet sich in den Berg ein, bekümmert sich aber weder um Strebemauern, noch um Barrieren, Wasserabzüge, Pflastern, Lichten des Waldes und dergleichen, so daß die Feuchtigkeit, die nachstürzende Erde des Berges, umfallende Bäume und dergleichen die

Straße unfahrbar und kaum wieder herzustellen machen.
Es ist somit gar nicht auffallend, wenn die Bauern den
Bau einer Straße nicht gern sehen, man verdirbt nur ihren
alten Weg, ohne einen bessern zu erzeugen; sie sind zufrie=
den, wenn man wenigstens die alte Straße unberührt läßt,
auf der sie dann nach wie vor sich mit ihren Ochsen durch
den Schmuz schleppen. — Mit vieler Kunst baut ein Inge=
nieur eine Straße über den hohen Meiden, wobei die Steil=
heit des Terrains ihn zu einer Masse Wiederkehren nöthigte
— die Bauern sehen das künstliche Werk an und lachen,
sie reiten nach wie vor von oben nach unten in gerader
Linie hinunter, ohne sich an das halbe Dutzend Wieder=
kehren zu halten. — Man kann dabei dem Ingenier keinen
Vorwurf machen, wenn er etwa nicht wie ein anderer in
einem Winter eine halbe Million Faschinen verfaulen läßt,
denn mehrere tausend Bauern werden dem einzigen Manne
zur Arbeit überwiesen, alles rohes mißmuthiges Volk, voller
Aerger darüber, ihrer Faulheit entrissen und zu einer Arbeit
genöthigt zu sein, von der sie gar keinen Vortheil einsehen;
hier ohne Adjunkten und Figuranten, mit wenigen Instru=
menten ausgerüstet, muß er überall die Aufsicht führen und
und kann bei der stundenlangen Ausdehnung seiner Arbeit
eigentlich nirgends sein. Die Kapitains der Distrikte, aus
denen die Arbeiter gewählt sind, sind von Panduren mit
Stöcken umgeben, das einzige Mittel, wirksam zu sein,
ohne sie wäre es unmöglich, auf die Leute zu agiren,
denn Worte, Bitten werden mit Lachen erwidert, die die
schlechte serbische Aussprache des Ausländers bei ihnen her=
vorruft. Die Straße von Belgrad nach Schabatz geht über
Ostruschnitza, Balesch, Novo Selo anfangs in einer recht

romantischen Gegend, die besonders vor Balesch sich steil
und schroff erhebt, und bei Malo und Weliki Tubokko im
schlechten Wetter beinahe impraktikable Stellen des Weges
bildet. Es ist dies übrigens eine Klage, die alle serbischen
Straßen trifft, ja, die Hauptstraßen sind so rücksichtslos
steil angelegt, daß man selbst bei besserem Zustande des
Weges genöthigt ist, auszusteigen und zu Fuß zu gehen.
In den schroffen Abgründen der Gebirge ist man den größ=
ten Gefahren ausgesetzt, sind die Pferde so übertrieben, daß
sie nicht mehr fortkommen, daß es ihnen unmöglich ist, die
im 45 Grad steigende Straße emporzuklimmen, so rollt der
Wagen, sobald sie stillstehen, unwiderruflich zurück. Und
doch gab es hier auch schon epidemisches Eisenbahnenfieber,
projektreiche Köpfe, die über Landwege und Postwesen fort=
springen möchten und am liebsten auf Luftballons und Ei=
senbahnen die Kultur mit einem Male hineinschneien lassen
möchten. Wenn diese heillosen Projektenmacher mit ihren
selbstgeschaffenen Idealen, nach denen sich nun alles anders
strecken soll, mit ihren aus Sachsen verschriebenen Eisenbahn=
Ueberschlägen und Bauplänen, doch lieber erst 20 Ingenieure
Straßen bauen ließen, damit man nicht nöthig hat, im
Winter 5 Tage bisweilen für 20 Stunden Weges zu brau=
chen und dem unverschämten Fuhrmann für diese Tour 5
bis 6 Thaler zahlen zu müssen. Anstatt tüchtige Ingenieure
vom Auslande zu verschreiben, sie angemessen zu bezahlen
und so den nöthigsten Bedürfnissen abzuhelfen, anstatt tüch=
tige Bergleute kommen zu lassen und mit diesen ohne Auf=
schub an's Werk zu gehen, ist es viel bequemer zu warten,
bis dieser oder jener ankommt und seine Dienste anbietet;
so geschehen täglich Mißgriffe, die an's Unglaubliche grenzen;

man engagirt Bergbeamte, und sie sollen Dämme und
Wasserbauten aufführen, sie sollen in Fächer hineinpfuschen,
die sie gar nicht kennen, und die, wenn sie sie kennen, nur
Dilettantismus sind. Man engagirt Beamte und entläßt
sie plötzlich ganz gegen die Gesetze eines kultivirten Staats,
weil der Fürst sie engagirt hatte, weil eine Regierung sie
engagirt hatte, die jetzt, als totale Feindin des Staats betrachtet, es nöthig macht, alle durch und von ihr eingeleitete
Einrichtungen und Institutionen umzustoßen, mögen sie nun
gut oder schlecht sein, mögen es die Individuen verdienen
oder nicht. Dies ist der Schandfleck der neuen Reformen,
daß man zu weit ging, daß man, um dem großen Helden
einen kleinen Aerger zu bereiten, seine gutgemeinten Einrichtungen rücksichtslos umstieß, seine eingegangenen Verträge
und Contrakte ohne Umstände annullirte, und somit die wichtigsten Artikel einer Constitution, die diesen neuen Gewalt-
habern erst Kraft und Muth gab, ungescheut mit Füßen trat,
mit der unglaublichsten Nichtachtung das Gesetz umging.
Dies war ein Schritt, der schlimme Folgen nach sich ziehen
kann, denn das Gesetz ist ein unverletzlicher Körper, die
Stütze des Staats; wer die Stütze angreift, macht den Staat,
den rechtlichen Verband der Unterthanen zum gemeinsamen
Ganzen, wanken, sei's früher oder später.

Von andern serbischen Städten verdienen wohl noch
Tscharschak, als Residenz des Prinzen Jovan, des Bruders
des Fürsten, in seiner höchst romantischen und herrlichen
Gegend niedlich und freundlich gelegen, Kruschewatz, Seiert-
schak, Negotin und andere der Erwähnung, die, wenn sie
in irgend etwas den Fremden interessiren können, es nur
durch die malerischen, oft wilden und großartigen Umgebun-

gen es vermögen. Der eigenthümliche Charakter dieser Städte bleibt sich stets derselbe; eine krumme, bald weitere, bald engere Hauptstraße mit lauter Läden, unter denen die Schneider, die zugleich auch mit Schnittwaaren handeln, und die Schuhmacher als nöthigsten Handwerker den ersten Rang einnehmen; die kleinern Nebenstraßen am besten den Schweinen in dem ungeheuren Schmuz, den Gemsen oder Ziegenböcken auf den ellenweit von einander gelegenen Springsteinen passirbar. Die Fenster von Papier, die Dächer von Holz, sowie die pyramidalischen Rauchfänge, das Pflaster der Hauptstraße mit fußtiefen Löchern, die Mann und Roß gefährden, rings herum Wald und einige Gärten mit Pflaumenbäumen oder Wein. Dies ist der Typus vom großen Belgrad bis zum kleinen Poscharowatz, eins wenig besser wie das andere. Doch hat der, der Belgrad gesehen hat, noch gar nichts gesehen; er sah den Serben, der durch die Nähe seiner cultivirten Nachbaren keinen Theil seiner Originalität verloren hat. — Nimmt man im jetzigen Zustande den Serben noch ihre Eigenthümlichkeit, ehe man ihnen bessere Zustände erweckt, ehe man die wichtigsten Fragen über das wahre Heil der Nation gelöst, die kühnen Pläne der projektenreichen Köpfe realisirt hat, so verliert der Fremde das Interessanteste des ganzen Landes, die orientalische Staffage; man findet nur eine schöne Gegend wie auch anders vor. —

Nun ein Wort Jenen, bei denen die Ein- und Auswanderungslust zur Epidemie geworden ist, die das alte schöne deutsche Sprichwort: „bleibe im Lande und nähre dich redlich", vergessen haben, die die Kraft der ordnungshaltenden Gesetze als einen Zwang und nicht als eine Wohlthat betrachten. Solchen Leuten abzurathen, ist überflüssig; wer einmal von dieser Epidemie ergriffen ist, muß selbst erfahren, um klug zu werden. Amerika hat traurige Beispiele genug den auswandernden Deutschen geliefert, ohne sie klüger zu machen; jetzt ist Serbien in Sachsen und Würtemberg das gelobte Land, wo Milch und Honig fließt, wo alle Hoffnungen auf's Glänzendste erfüllt werden sollen. Jedoch jedem zur Warnung, in Serbien ist ebensowenig etwas zu machen, wenn man nicht ein Anfangskapital hat, als irgendwo; die Regierung giebt kein Land umsonst, denn da sie nicht ihr Land vermessen, ihre Dörfer regulirt hat, so weiß eigentlich Keiner, was ihm zugehört. Der Serbe ist ein Feind des Deutschen, gutwillig tritt Keiner etwas von seinem selbst wüsten Lande ab, nichts von jenen ungeheuren Waldungen, die ein Dorf stundenlang in Besitz nimmt, um seine Schweine Sommer und Winter dort ohne Pflege und Sorge herumlaufen zu lassen. Die Regierung hat einstweilen 50 sächsischen Familien die Einwanderung und das Unterthanwerden gestattet, sie hat sie sogar mit 5jähriger Abgabenfreiheit und allem nöthigen Holze zu ihren ersten Bauten beschenkt. Was sind dies aber für Vortheile? Holz kann jeder nehmen, wo er will, es ist also kein Geschenk, sondern nur eine schöne Redeform; 5jährige Abgaben betragen 25 bis 30 Thaler, dies ist ebensowenig der Rede werth, denn bliebe das Land wüste, so hätte die Regierung ebensowenig und sogar nach 50 und 100 Jahren noch gar nichts. Das Land soll aber jeder selbst kaufen; man muß also Geld zum Anfange haben, und dies darf nicht unter einigen hundert Thalern sein, da alle Bedürfnisse, aus dem Auslande bezogen, unverschämt theuer sind. Das serbische Vieh ist zu keiner Arbeit gewöhnt; man sieht 6 bis 8 Ochsen vor einem Pfluge, den bei uns 2 Ochsen ziehen würden; man muß also besseres Vieh aus Ungarn holen, oder seinen Feldbau ebenso serbisch treiben, wobei für einen Deutschen, der nicht das halbe Jahr Bohnen und Kohl essen kann, Banquerot entstehen würde. —

Ist es nicht möglich, daß der Einwanderer mit aller seiner bessern Agricultur, seiner veredelten Viehzucht sich in der Nähe einer Stadt ansiedeln kann, die ihm Absatz seiner Erzeugnisse anbietet, so hat er wenig oder nichts gewonnen; er bleibt ewig auf sich selbst, auf nothdürftige Fristung seines Lebens beschränkt und alle seine glänzenden Projekte lösen sich in Nichts auf. — Eine solche Stadt ist aber nur Belgrad; dort und in der weiteren Umgegend an der Sava oder Donau gelegen, wo sich bequeme Communicationen darbieten, ist es allein für die Zukunft rentirend, sich niederzulassen; aber hier ist auch wieder der Boden bedeutend schlechter und unverhältnißmäßig theurer, als im Innern des Landes; zahlt man dort vielleicht für das Joch Landes von circa **1400** Quadrat=Morgen 10 Thaler, so muß man hier gewiß das Vierfache oder Fünffache zahlen.

Ein anderer Umstand ist noch der, daß, wenn ein Deutscher hier seine Hoffnungen erfüllt sehen will, er sich bemühen muß, eine gemeinschaftliche Colonie anzulegen, wo einer die Bedürfnisse des Andern ersetzt, wo man nicht nöthig hat, mit unverschämt hohen Preisen alle Geräthe, Bedürfnisse ꝛc. in Belgrad zu kaufen. Wie ist aber eine solche Colonisation möglich, wenn man nur dort sich niederlassen kann, wo man das Land gekauft hat; wo wird sich ein

Dorf finden, welches seinen ganzen Grundbesitz einer deutschen Colonie von einigen 30 oder 40 Familien verkauft? — Ist man jedoch einzeln und zerstreut, so prophezeie ich jedem, daß ihm in seinem Leben in seinem neuen Vaterlande, umgeben von einer feindseligen Nation, die seinen aufkeimenden Wohlstand mit Augen des Neides und Mißmuthes betrachtet, wenig Freuden blühen werden, daß er gewiß bald in sein verscherztes und verlornes Vaterland sich zurücksehnen wird, wo zwar jeder Zwanziger schwerer wie hier ein Thaler zu verdienen war, jeder Zwanziger sich aber auch zwanzigmal froher verzehren ließ. Für den Armen ist vollends nichts anzufangen; die Serben brauchen keine Dienstboten, die nicht ihre Sprache verstehen, die Deutschen, die in Serbien sind, sind, mit Ausnahme weniger Beamten, entweder Handwerker, denen es selbst schwer fällt, ihr Brot zu verdienen, oder hergelaufenes Gesindel, welches zur Schande Deutschlands herum vagirt. Der einwandernde Handwerker endlich findet in Belgrad schon eine Masse Rivalen und ältere Handwerksgenossen, die, trotz aller Arbeit, trotz allem möglichen Spekulationsgeist, bei den wenigen Bedürfnissen der serbischen Nation, doch kein brillantes Auskommen finden. — Dies als wohlgemeinter Rath, wer sich durch die glänzende Außenseite bethören läßt; wer keinen harten Schlag im Vaterlande überstehen kann, der gehe selbst, erfahre, und er wird dann in meine Worte einstimmen: „bleibe im Lande und nähre dich redlich." —

Allerdings giebt es Länder, wo täglich sich vergrößernde Bevölkerung, Druck der steigenden Steuern und Abgaben, zu große Konkurrenz dem weniger Bemittelten den Aufenthalt höchst schwierig und ein Verbessern seiner Lage beinahe unmöglich macht; solche Länder sind theilweise Würtemberg und Sachsen-Altenburg. Es giebt auch andere Gegenden, wie das Erzgebirge, wo der steinige schwer zu bearbeitende Boden ungeheure Anstrengungen, wo das kalte rauhe Klima den regsten Fleiß verlangt, ohne den Arbeiter, selbst den thätigsten Ackerbauer, zu belohnen; in jenen Gegenden, wo nur Fabrikanten, Männer, die mit großem Kapital von vorn herein anfingen, sich empor schwingen können, wo der Ackerbau sich beinahe gar nicht rentirt, wo der Handwerker zu viele Zunftgenossen hat, um mit dem Wohlhabendern konkurriren zu können, wo die täglich sich vergrößernden Fabriken, das stündlich sich verbessernde Maschinenwesen alle Fabrikate billiger liefert, da ist es allerdings verzeihlich, wenn eine Auswanderungslust überhand nimmt, die der Drang der Zustände erzeugt. — Für solche Familien nun, die die Reise nach dem entlegenen Amerika scheuen, die das nähere Serbien vorziehen, denen die übertriebensten Gerüchte dort ein Eldorado erscheinen lassen, für solche werden vielleicht nachstehende Zeilen von großem Werthe sein. — Durch längern Aufenthalt in Serbien bin ich mit den nähern Verhältnissen jedes Geschäftszweiges so bekannt geworden, daß es mir gelang, die dann und wann einwandernden deutschen Landsleute mit Rath und That zu unterstützen, ihnen den Weg zu zeigen, auf dem es ihnen allein möglich war, einigermaßen ihren Zweck zu erreichen. — Bildet sich irgendwo ein Verein mehrerer Familien, die die Auswanderung nach Serbien beabsichtigen, so ist vor allem nöthig, schon im Vaterlande das Ganze zu regeln und zu ordnen. Jede Familie braucht wenigstens einige hundert Thaler zur Auswanderung, da es unumgänglich nöthig ist, alle Geräthschaften und Werkzeuge ihrer Profeſſion mitzubringen; alles, was nur irgend transportabel iſt, natürlich Möbeln aus=geſchloſſen, laſſe man ja nicht zurück, da einmal die Anſchaf=fung in Serbien beinahe gar nicht möglich und andermals jedes Bedürfniß ungemein theuer iſt. — Nachdem ſich alſo ſchon 40 bis 100 Familien zuſammengethan, ihre Vermögens=umſtände geordnet haben, iſt es nöthig, zwei oder drei der verſtändigſten Perſonen aus ihrer Mitte, die von allen ihren Anſprüchen und Verhältniſſen in Kenntniß geſetzt ſind, als Deputirte nach Serbien beim anbrechenden Frühjahre abzu=ſchicken. Von Wien ab iſt es ſehr leicht möglich, dann mit dem Dampfboote nach Semlin zu gelangen; während hier einer der Deputirten zurückbleibt, gehen die beiden übrigen nach Belgrad, dem Sitz der Regierung hinüber. In einer ſchriftlichen Eingabe an den Senat, die mit perſönlicher Vor=ſtellung bei den einflußreichſten Beamten gepaart ſein muß, ſetzt man nun ſein Verlangen auseinander, bittet um Auf=nahme als ſerbiſche Unterthanen mit allen Rechten derſelben in den ſerbiſchen Staat, um freie Religionsausübung, um 5 bis 8jährige Abgabenfreiheit und um die Erlaubniß, ſich nach Belieben im ganzen ſerbiſchen Staat, ſei es an der Grenze oder entfernt davon, ſich ankaufen können. — Dieſes ſind Punkte, deren Erfüllung nicht zweifelhaft iſt, da die Regierung ſie ſchon andern Einwanderern gewährt hat. Zu gleicher Zeit wird die Anzahl der Familien, der Köpfe, die verſchiedenen Profeſſionen und die Vermögensumſtände mit=getheilt, und um einen baldigen, von der Regentſchaft und dem Senat beglaubigten Beſcheid gebeten. — Da die hohen Herren theilweiſe den Vortheil der Einwanderung arbeitſamer und fleißiger Bürger einſehen lernen, da ſie ſelbſt auf ihren

6

weitläuftigen Besitzungen oft unter den günstigsten Bedingungen die Colonisation begünstigen, so bot sich schon in der letzten Zeit einigen sächsischen Auswanderern aus Altenburg Gelegenheit, Bedingungen dieser Art einzugehen. Es ist dieses auch der einzige Weg, auf dem es vielen Familien möglich wird, sich gemeinschaftlich anzubauen, da, wie ich schon oben angedeutet habe, bei dem Einzelankauf man sich zu sehr zerstreuen muß. — Die Knäsen oder Großen des Reichs haben große Ländereien, die nur sehr dünn bevölkert sind, wo der beste fruchtbarste Boden unbebaut darnieder liegt. Können also die Deputirten der Auswanderer einen festen Kontrakt auf Erbpacht der Ländereien eingehen, sich zu gleicher Zeit den Schutz der Regierung und vollkommener Gewerbefreiheit zu sichern, so wäre so ziemlich alles erlangt, was nur wünschenswerth wäre. — Ist jedoch der erste Fall nicht möglich, so thäte der in Semlin zurückgebliebene Deputirte am besten, sofort mit dem Erlaubnißschein der Regierung zurückzukehren, die Auswanderer mit ihrem Hab und Gut abzuholen und ihnen als Führer zu dienen. Die beiden Zurückgebliebenen müßten dann die Umgegend Belgrads, die an der Donau und Sava gelegenen Ländereien durchreisen und mit Hilfe eines von der Regierung ihnen beigegebenen Beamten Ländereien an sich zu bringen suchen. Jede weite Entfernung von Belgrad landeinwärts, die größer als eine Tagereise ist, wäre nicht rathsam, da die schlechten Wege und das gebirgige Terrain der umliegenden Gegend die Communication sehr erschweren, somit den Absatz der Natur- und Kunsterzeugnisse oft beinahe unmöglich machen und den Verdienst bedeutend verringern. Am besten möchten die Ufer der Sava sich eignen, da von dort überall

stromabwärts die Verbindung mit Belgrad zu Schiffe leicht
zu bewerkstelligen ist, die befrachteten Fahrzeuge bequem
nach der Hauptstadt gelangen können, wo sie ihres Absatzes
ganz sicher sind. Zudem sind die Ufer dieses Flusses sehr
fruchtbar, nur wähle man keine zu niedrige Gegend, weil
hier die jährlichen großen Ueberschwemmungen die Erbauung
von Dämmen und Abzugsgräben, also eine sehr bedeutende
Arbeit nöthig machen würden. — In dem gebirgigen Ter=
rain bleibt der größere Vortheil des Weinbaus und des
Kalks, der in den dortigen Gebirgen sich in großen Massen
von sehr guter Qualität vorfindet. Zugleich wäre es nöthig,
sich an einem kleinen einmündenden Fluß, deren es dort eine
Menge giebt, niederzulassen, damit zur Erbauung einer Säge=
mühle sofort geschritten werden kann. In der holzreichen Ge=
gend, bei dem gänzlichen Mangel einer Forstpolizei, steht die
Benutzung des Waldes einem jeden frei; eine Sägemühle,
auf Kosten der Gemeinde erbaut, würde nicht allein den
dringenden Bedürfnissen der Colonie, sondern auch des gan=
zen Landes abhelfen und ihre Erzeugnisse einen sehr guten
Abgang in Belgrad finden, weil in ganz Serbien alle guten
Bretter aus Oesterreich bezogen werden müssen. Nachher
würde dasselbe Wasser, welches die Sägemühle treibt, auch
auf vielfache andere Art von Vortheil zum Betrieb verschie=
dener Gewerbe sein.

Der Donau abwärts, nach Semendria zu, sich nieder=
zulassen, hat den Nachtheil, daß man mit den beladenen
Schiffen stromaufwärts fahren muß, was bei dem reißenden
Gewässer der Donau durchaus keine Kleinigkeit ist; übrigens
bliebe es sich sonst im Allgemeinen gleichgültig, da man hier
ebenfalls die österreichische Grenze gegenüber und somit im

schlimmsten Falle eine Aussicht zur Flucht bei ausbrechenden Revolutionen übrig hat.

Landeinwärts fällt dieser Vortheil fort, jedoch würde dort eine größere Billigkeit des Terrains, reiche Erz=, besonders Eisenlager den Bergbewohnern und den an bergmännische Arbeiten gewöhnten Sachsen manchen Vortheil gewähren. Der Boden ist dabei eben so fruchtbar und ergiebig, als irgendwo, und die Aussicht auf günstige Ernten und guten Erfolg fehlt hier ebensowenig, wie anderswo.

So wäre alles vorbereitet, um die Einwanderer in Empfang zu nehmen und in ihre neue Heimath zu führen. Bis Wien hätten sächsische Auswanderer den Weg zu Lande, würtembergische jedoch schon zu Wasser zu machen, was letzteres den Vortheil mit sich führt, daß sie schon oben in ihrer Heimath an der Donau ein Schiff kaufen können, um selbst Möbeln und die schwersten Inventarienstücke hinunterzuführen, ohne nöthig zu haben, sie um einen Spottpreis zu verkaufen und sie nachher in Pesth zu einem theueren Preis wieder einkaufen zu müssen. — Sächsischen Auswanderern kann ich nur rathen, sich ihrer Pferde und Wagen nicht zu entäußern, sondern sie zum Transport ihres Eigenthums und ihrer Familie bis Wien zu gebrauchen, wo es dann entweder leicht möglich ist, sie zu verkaufen, um für den Erlös ein Schiff bis Belgrad zu miethen, oder noch besser dasselbe ganz zu kaufen, da man es auf jeden Fall, wenn man es selbst in spätern Zeiten nicht sollte brauchen können, in Belgrad höchst vortheilhaft wieder los wird. — Pferde mit dieser Gelegenheit mitzuführen, wäre höchst unrathsam, da sie einmal viel Platz wegnehmen und Beschwerde verursachen, andermals in Serbien selbst zu sehr billigen Prei=

sen zu kaufen sind. Sollte sich in Wien eine Gelegenheit zum Ankauf oder zur Miethe eines Schiffes nicht finden, was unglaublich ist, so hätte man allerdings eine höchst beschwerliche Reise durch Ungarn vor sich, wobei keine Gelegenheit versäumt werden dürfte, in dem ersten besten Hafenort ja ein Schiff aufzutreiben. — In Pesth ist es am besten, sich die Möbel und selbst das größere Inventarium anzuschaffen und hinunterzuschiffen, da, abgesehen von dem gänzlichen Mangel desselben, in Serbien man auch sofort bei der Ankunft in Thätigkeit treten kann. — Man kann sich beim Betreten des serbischen Bodens des freundlichsten Entgegenkommens von allen Deutschen gewiß halten, da sie alle sehnlichst einer Vermehrung ihrer Anzahl entgegensehen, um somit fühlbarem Mangel an allen möglichen Bedürfnissen abzuhelfen und gewissermaßen der Mißgunst der Serben die Balance zu halten. — Möge jeder Auswanderer ja diese wohlgemeinten Regeln nicht übersehen, er wird dadurch für alle Fälle gesichert sein und einer Menge Hindernissen aus dem Wege gehen, die ihm sonst bei seiner Einwanderung aufstoßen möchten. Vor allem sind Handwerker, die weniger für Luxusbedürfnisse, als für die Nothwendigkeiten des Lebens arbeiten, am erwünschtesten, denn da die Bedürfnisse des Landes gering sind, so muß man sich daran halten, was selbst der unkultivirteste Staat braucht. Ueberdem ist es jedem Handwerker gut, nebenbei Landwirthschaft zu treiben und so sich seine Existenz zu sichern, ohne sich von dem glücklichen Erfolg anderweitiger Spekulationen abhängig zu machen. Besonders Weber, Tuch- und Seibenarbeiter sind eines guten Erfolges gewiß, da alle Schnittwaaren vom Auslande weither bezogen und bedeutend verzollt werden müssen; es ist durchschnittlich der Preis dieser Gegenstände wenigstens 15—20 Prozent höher, als in dem übrigen kultivirten Europa. Eröffnet sich erst der Bergbau und andere großartige Nationalunternehmungen, so findet auch die arme arbeitende Klasse hier ein reichliches Auskommen, weil das Land nur schwach bevölkert, dem Ackerbau nicht viele Hände entzogen werden können, wovon jetzt aber gar keine Rede sein kann, da jeder Spekulationsgeist noch darnieder liegt. — Wenn auch dieser oder jener mit geringen Hilfsmitteln glaubt, bis Belgrad auskommen und dort dann ohne alle Geldmittel auskommen zu können glaubte, so hat sich stets gezeigt, daß solche Subjekte entweder zu Grunde gegangen sind, oder zu Herumtreibern und Vagabunden herabgesunken sind.

Belgrad ist ein ziemlich theurer Aufenthalt, und also um so wünschenswerther, vorher alle möglichen Schritte zu thun, um dann nicht nöthig zu haben, in dieser Stadt von seinem Gelde zu zehren.

Schon oben habe ich von den übrigen einigermaßen interessanten Städten Serbiens gesprochen, und so will ich jetzt nicht unterlassen, speziell auch eine Beschreibung von der Haupt- und Residenzstadt Belgrad zu liefern, da einmal ihre alte Berühmtheit und ihre Eigenschaft als größte und kultivirteste Stadt des ganzen Landes, andermals die Eigenthümlichkeit der in Belgrad noch einheimischen Türken mit ihren asiatischen Gebräuchen sie vor allen andern am beachtungswerthesten erscheinen läßt. Ueberdem ist es nicht jedem Reisenden möglich, ganz Serbien zu bereisen; er scheut den Rücktritt mit seiner 10tägigen Kontumaz und begnügt sich von Semlin oder Panssova aus mit kaiserlichen sogenannten

Ueberreitern hinüberzukommen, unberührt von den armen
pestleidenden Einwohnern einen Flug durch die Stadt zu
machen und doch dann wenigstens einen Begriff von Serbien zu haben, um wenigstens später in der entfernten Heimath, wenn es draußen stürmt und der Sturm die Schlo-
ßen und den dicken Schnee an das Fenster treibt, traulich
um den lobernden Kamin gedrängt, der hochauflauschenden
Familie ein Stündchen von seinem Ausfluge in die Türkei,
in das romantische Serbien, zu erzählen.

Diesen also liefere ich einen kleinen Leitfaden, um sich
auf das, was sie sehen werden, vorzubereiten, wahr und
ohne bunte Farben, so wie sie es finden werden, und nicht,
so wie es sein kann.

An dem steilen Kalkfelsen, auf dem sich die alte berühmte Festung, die bald die Türken, bald die Serben,
bald die Oesterreicher ihre Herren nannte, in ihrer ehrwür-
digen Größe erhebt, brechen sich schäumend die Wasser der
Donau und der Sau oder Sava, kochende Strudel und
Wirbel bildend, die den weißen Gischt an die festen Mauern
hinaufschleudern, und im Frühjahre zuweilen große Strecken
des ganzen benachbarten niedrig liegenden Landes von
Oesterreich überschwemmen und einen See bilden, so weit
das Auge reicht, woraus nur hier und da einzelne Häuser
und Baumgruppen hervorragen. Die Festung ist nicht allein
sehr ausgebreitet und reich an vielen kostbaren Werken,
sondern sie besitzt auch eine imposante Stärke, die sie in
früherer Zeit, wo die Kriegsführung und Fortifikation noch
nicht durch einen Vauban und Montalembert ausgebildet
war, — zu einer des ersten Ranges erhob, die wohl den
Platz zu behaupten verstand, welchen ihr die politischen

Verhältnisse der Sarazenenstürme und Türkenkriege ein=
räumten.

Es ist schwer zu bestimmen, nach welchen Grundsätzen
die Festung gebaut ist; sie ist eine Zusammensetzung der
Fortifikation, wo mehr verständigerweise die verschiedenen
Vortheile des Bodens, als irgend ein bestimmtes System
beobachtet wurde. Sie hat vier Haupteingänge vom Lande
her, und ist außerdem noch von der Donauseite zugänglich.
Der eine Theil liegt hoch oben auf dem Berge und ist un=
streitig der ältere, der andere hingegen, der am Wasser
liegt, der jüngere Theil. Die obere Festung ist mit doppel=
ten trockenen Gräben, großen Ravelins, kleinen Courtinen,
flachen Bastions mit Drillions versehen. Es ist überall
eine Masse Mauerwerk verschwendet, die ganz der Zeit der
Erbauung entspricht. Das Glacis bildet einen großen freien
Platz — Kalamechtan genannt — nach der Stadt zu; die
Pallisadirung des gedeckten Weges ist, so wie die Bewaff=
nung der ganzen Festung, sehr zerfallen. In einer noch
größern Unordnung sind die Kasematten, aus denen ein
wahrhaft giftiger Hauch hinaus quillt. — Den grellsten
Kontrast hingegen bilden die in den Ravelins liegenden
Wachthäuser; sie sind im ächt türkischen Geschmack gebaut
mit Halbmond und Stern, sowie mit Waffenrepositorien
und grünem rothgespitzten Geländer versehen. Hier sitzt
nun der barfüßige Posten in gemächlicher Ruhe auf einer
Matte, das Gewehr angelehnt, raucht sein Pfeifchen und
trinkt seinen Kaffee, aller Disciplin und allen neuern Re=
formen des verstorbenen Sultans zum Trotze. Der oben=
genannte Kalamechtan, das Glacis der Festung, gewährt
nach allen Seiten hin die schönste Aussicht, den totalsten

Ueberblick über die ganze Stadt und ihre Umgebung. Dieser Platz diente mehrmals bei den serbischen Kupstinas oder Landtagen zum Versammlungsort, und noch neuerdings ist die bekannte Constitution dort proklamirt worden.

In dem obern Theile der Festung bilden zwei große Hofräume mit ihren Kasematten, Moscheen, Grabstätten und Wohnungen das Innere. In welchem miserabeln Zustande sich alles befindet, wie alles zerfallen, ruinirt und unbenutzt da liegt, ist unbeschreiblich; es herrscht überall eine Unordnung, wie in Deutschland auf keinem Bauerhofe. Möge man von andern ähnlichen Plätzen, wo sich die Faulheit, wie z. B. in Spanien, in Italien u. s. w., im glänzendsten Lichte zeigt, sagen, was man wolle, betritt man das Innere der obern Festung, so kann selbst das kühnste Bild nur zurückbleiben, und es gehört Ueberwindung dazu, an einem Orte noch weiter zu beobachten, wo der Ekel mit Macht zum Fortgehen treibt. — Am besten von allen sind noch die Moscheen und die Begräbnißstätten erhalten, jedoch, obgleich man jetzt anfängt, etwas aufzuräumen, so wird es gewiß noch viele Jahre erfordern, um die Festung wieder herzustellen. — Der bisherige, nun anderweitig ersetzte Kommandant war derselbe Pascha, der durch die Vertheidigung von Warna europäischen Ruf erlangt hat; es sind aber die Zeiten seines Glanzes vorüber, — wenn er auch sich von der großen kaiserlichen Ungnade erholt hat und jetzt zu den bemittelteren Privatleuten gehört, so ist doch durch alle diese Unfälle seine Gesundheit zu sehr ruinirt, als daß er mit militairischer Energie seinen Posten ausfüllen könnte. — Seine Nähe ist unangenehm, denn wenn sein Zimmer auch noch so elegant auf halb französischen Fuß möblirt ist, so ist man dafür aber auch von einem Geruch der Medizinen so umgeben, daß man sich in eine Apotheke versetzt glaubt und herzlich gerne den unreinlichen Hof wieder betritt, wobei zwar ein Uebergang, aber keine Verbesserung statt gefunden hatte, als man ihn verließ, um sich zur Audienz zu begeben. —

Die Wohnung des Pascha's — oder ironisch gesagt, sein Pallast — ist schon von weitem zu sehen, da er den höchsten Punkt einnimmt. Er ist aus Holz zusammen geschlagen, mit jetzt schon bereits verwittertem Anstrich, zerschlagenen Glasfenstern, alten Teppichen anstatt Thüren, einigen funfzig Hunden als Wächtern auf der Treppe und einigen zwanzig ziemlich abgerissenen in der Vorhalle, — kurz, mit einem Worte der Totaleindruck ist für den Fremden interessant, indem er gar nicht weiß, was er denken soll, wenn alle seine kühnen Ideen über orientalische Pracht sich bei Anschauung dieser traurigen Ruinen in Nichts auflösen. Es ist unbegreiflich, wie ein solches Gebäude nicht durch die scharf wehenden Winde umgeworfen wird. — So armselig auch die papierfenstrige Pascha'swohnung ist, so schwer ist es doch, den Eingang in dieselbe sich zu verschaffen; man muß durch ein Domestiquenheer durchdringen, gegen deren Zudringlichkeit und Bettelei dieselben Eigenschaften der Unsrigen nur Kleinigkeit und Unart sind. Wird man etwa nicht durch irgend ein Konsulat eingeführt, sondern glaubt man durch eigene Kraft zur Audienz zu gelangen, so ist dieses nur gegen sehr bedeutende Geschenke möglich. Am schrecklichsten geht es aber dem armen Handwerker; er kann sicher sein, daß der Dollmetscher, ein deutscher Renegat aus Semlin, ihn nicht eher vorläßt, bis er wenigstens

ein Drittel seiner Rechnung ihm abgetreten hat; dabei glaubt
dieser noch ein großes Verdienst sich erworben zu haben,
und rechnet stets auf das unterwürfigste Entgegenkommen.
Verlassen wir jedoch die wüsten Vorzimmer dieses Großen,
und schätzen uns glücklich, dort nicht unsern Platz angewie=
sen zu finden.

Auf dem ersten Hofe befindet sich die ziemlich große
massive Moschee, in Grün und Weiß hübsch bunt angestri=
chen, nicht unangenehm für's Auge. Von der Nord= und
Westseite führen hohe Treppen in das Innere durch die
hochgelegenen Thore. Das Innere ist, wie bei allen andern
Moscheen zweiten Grades, einfach mit Bastmatten belegt,
theils mit Teppichen behängt, theils mit colossalen Koran=
sprüchen beschrieben. Das Minaret ist ohne weitere Schön=
heit aus Steinen gebaut und oben an der Gallerie mit den
nöthigen Laternen versehen, die zur Erleuchtung während
des Ramasans erforderlich sind, und die während des übri=
gen Theils des Jahres durch hölzerne Deckel verkappt wer=
den. — Noch bemerkenswerth sind die Begräbnißstätten
zweier früherer Pascha's, denen von ihren Nachfolgern die
grüne Schnur überbracht wurde und die man ohne Umstände
auf der Stelle, wo es am günstigsten war, erdrosselte. —
Um ihnen einigermaßen den Verlust ihres Paschaliks zu ver=
güten, hat man ihnen kleine Begräbnißstätten gebaut, ihren
Sarkophag mit einem bunt bemalten Häuschen umgeben,
und hält noch gegenwärtig diese Andenken an ein, wenn
auch despotisches, doch gewöhnlich sehr gerechtes Verfahren
in besserm Zustande. Wir verlassen die obere Festung, in=
dem wir durch ein Thor und auf einem sehr steilen Weg
uns in die untere begeben, die, ehe wir unten angelangt

sind, sich mit ihrer neuen Kaserne, dem schönen Minaret
recht freundlich darstellt. — Der Weg hinunter geht unter
die Fenster der Wohnung des Pascha's, und man thut am
besten, nicht viel nach den vergitterten Fenstern seines Harems
zu schauen, da man auf dem inpraktikabeln Wege leicht
fallen und erst in der untern Festung zum Wiederaufstehen
kommen könnte, wenn man sich anders noch lebendig befin=
det. — Die Gebäude, welche die untere Festung füllen,
sind theils Kasernen, theils Laboratorien, theils Wagen=
und Zeughäuser, die sämmtlich in der Zeit des letzten öster=
reichischen Besitzthums von Belgrad gebaut und bis jetzt
ziemlich wohl erhalten sind. Die größte Sorgfalt hat man
auf die Erhaltung der Kaserne verwendet, welche sich deshalb
auch nicht allein durch die verschwendete Pracht an reich
vergoldeten Koranssprüchen auf blauem Grunde, sondern
auch, was viel schätzenswerther ist, durch Reinlichkeit empfiehlt.
Diese Reinlichkeit mag theilweise in dem schönen gegenüber=
liegenden Brunnen ihren Grund haben, der ein klares wohl=
schmeckendes Wasser in Fülle aus seinen 3 Röhren spendet.
Ein kleiner festgeketteter Becher dient Jedem zum Trinken.
Die Befestigung der untern Festung nach dem Lande zu
steht mit der Befestigung der obern Festung in genauer Ver=
bindung und ist dem Charakter derselben ganz entsprechend.
Nach der Donau und Sava zu zieht sich eine doppelte Brust=
wehr, deren Schießscharten theilweise den Wasserspiegel des
Flusses bestreichen, bei hohem Wasser aber ganz ausgefüllt
sind. Alles ist reichlich mit Kanonen gespickt, die aber nicht
mehr Wichtigkeit haben, als ihre Nürnberger Consorten, aus
denen unsere Jugend frohen Sinnes und friedfertigen Her=
zens Erbsen schießt. — Ich wohnte einem Besuche des Kom=

mandirenden Generals aus Semlin in Belgrad beim Pascha
bei, und hatte hinreichend Gelegenheit, mich über diese
Artillerie zu belehren. Als das Boot des kommandirenden
Generals sich der Einmündung der Sava näherte, begann
es sein Salutiren, worauf man auch sofort in der Festung
Anstalt zum Antworten machte. Ein Haufen halb angezo=
gener barfußer Soldaten stürzten sich in das Zeughaus und
zogen schreiend, lärmend und einander stoßend zwei leichte
Geschütze, Drei= oder Vierpfünder, herbei. Mit vieler Mühe
wurden sie auf die Apareille geführt, und nachdem sie einmal
beim Wenden umgeworfen waren, standen sie neben einer
Schießscharte, die aber schon ein anderes ausrangirtes altes
Festungsgeschütz ausfüllte. Man besann sich nicht lange,
warf mit allen Kräften den armen Invaliden rückwärts vom
Wall hinunter und setzte den jungen kleinen Stellvertreter
auf die alte verfaulte Bettung. Indem jetzt eiligst zwei
geistesgegenwärtige Kanoniere alte Lappen, Heu, kleine
Steine ꝛc. ꝛc. zum Pfropfen vorrichteten, wurden Patronen
und loses Pulver in das gehobene Rohr hineingefüllt. Nach=
dem drei Mal das eigensinnige Geschütz den Knall versagt
hatte, ging es los und — fuhr rückwärts den Wall hinab
auf den gedeckten Weg, von wo es zum zweitenmal mit
vieler Mühe hinaufgebracht und schußfertig gemacht wurde.

Ehe wir die untere Festung betrachten, werfen wir
einen Blick in die Zeughäuser, was sehr leicht ist, da die
Fenster zerbrochen sind und die eisernen Gitter ebenfalls
theilweise fehlen. Nachdem man neugierig durch drei oder
vier Fenster hineingeschaut hat, hat man Stoff genug zum
Bewundern und Nachdenken gefunden, denn — — man
hat gar nichts gesehen. — Endlich findet man die Ueber=

bleibsel einer kräftigern Zeit, wo Krieg und Belagerung es nöthig machten, mehr Aufmerksamkeit auf die mörderischen Werkzeuge des Kampfes zu verwenden.

Hunde fehlten hier sowenig, wie in allen andern Theilen der Festung und der Türkenstadt; sie sind die wohlthätigen Reinigungsdiener, deren Gefräßigkeit jedes gestorbene Thier aus dem Wege schafft und Straßen=Gesundheits=Polizei erspart. — Die Türken glauben fest, daß dies eine sehr nachahmungswerthe Einrichtung sei. —

An der äußersten Vereinigungsspitze der schon so oft genannten Flüsse liegt ein alter stumpfer Thurm, der jetzt Eulen und andern Vögeln zum Aufenthalte dient. An ihn knüpft sich für jeden Serben eine vaterländisch=historische Erinnerung, denn in seinen tiefsten Kellern, bis an die Brust im Wasser, von schweren eisernen Ketten umlastet, saß lange der edle Prinz Ephraim, Bruder des Fürsten Milosch Obrenowitsch, der von den Türken plötzlich überrascht, gefangen genommen und zu dieser scheußlichen Haft verdammt wurde. In dieser gräßlichen Lage, wo der fürstliche Leib kaum mit den nöthigsten Lumpen bedeckt war, wo die Zähne vor Frost klapperten, die jämmerlichste Kost kaum den fieberhaft zitternden Körper nährte, wo sich die heulende Unke, die glatte Wasserschlange an seinem Körper erwärmten und um seine erstarrten Füße wanden, war der Geist dieses großen Mannes doch nie gebeugt; er betete stets für die Siege seines Bruders und für die Befreiung des geliebten Vaterlandes. Schon längst hätte man ihn getödtet, wenn die immer bedrängt werdenden Umstände nicht alle Aufmerksamkeit auf sich gezogen hätten. Alle Unterhandlungen des Fürsten Milosch waren umsonst, da

erzwang sein Heldenmuth, was die glänzendsten Anerbie=
tungen nicht zu erbitten vermochten; er sprengte in offener
Feldschlacht mitten in das Centrum des Feindes hinein,
arbeitete sich mit Löwenmuth bis zum Pascha vor, und
nachdem sein kräftiger Arm den Gegner entwaffnet hatte,
seine Getreuen zur Hilfe gekommen waren, schleppte er den
Gefangenen mit sich fort, der erst gegen den Prinzen Ephraim
ausgeliefert wurde. — Dieser schauerliche, jetzt verfallene
Thurm führt den Namen *Neboïse* oder fürchte dich
nicht. —

Wir verlassen eine Festung, in der uns historische
Erinnerung, feurige Bilder der Phantasie, eigenthümlicher
Anblick des Ungewohnten ein Stündchen wohl unterhalten
konnte und den uns umgebenden Schmuz, die Bilder der
Faulheit und Unordnung, übersehen machten. — Am besten
kommt allerdings der fort, den der Schnupfen gegen die
vielfachen Gerüche abstumpft, der mit kalter Ruhe den Vor=
theil der hiesigen Hundeliebhaberei bei ihren Gastmählern
bewundern kann.

Die ganze Stadt mit ihren Vorstädten ist halbkreis=
förmig um die Festung gelagert, die Türkenstadt den rechten
Flügel an der Donau, die Serbenstadt das Centrum und
den linken Flügel an der Sau bildend. Drei Thore führen
aus den Vorstädten Sava Mala, Therasia und der Wid=
biner Vorstadt in das Innere; sie heißen Warosch Kapi
oder Stadtthor, Stambul Kapi oder das Thor von Con=
stantinopel, und Widdin Kapi oder das Thor von Widdin.
Das größte dieser Thore ist das alte verfallene Stambul
Kapi, vom General Laudon im edlem Style angelegt und
mit den nöthigen Wachtzimmern versehen. Jetzt ist es ein

Trümmerhaufen, bei dem man nur der Kraft des festen
Gewölbes die Passirbarkeit des Thores zu verdanken hat.
Das hohe Fronton ist verschwunden und die Trümmer desselben, von Gras bewachsen, nur von Heerden Ziegen, die
der schlafende Türke bewacht, bevölkert. — Die beiden
Thore Warosch Kapi und Wibbiner Kapi geben sich wenig
einander nach; wenn ihre Baufälligkeit nicht Angst und
Besorgnisse einflößte, so würde man über die taubenhaus-
ähnliche Bauart und Unreinlichkeit lachen müssen. Besonders
das Warosch Kapi rathe ich jedem Fremden näher zu betrachten; man wird mir recht geben, daß bei uns der nie-
drigste Mensch eblere Begriffe von Architektur haben wird.
Man denke sich den Stadtwall zur Passage durchschnitten,
die Dossirung mit Lehmpatzen eingefaßt und über das Ganze
auf einigen querübergelegten Pfosten ein vollständiges Haus
mit einigen Gucklöchern, aus denen dann und wann ein
zärtlich liebendes Turteltaubenpaar gemüthlich hinausschaut,
ohne der Gefahr zu achten, die über ihren Häuptern schwebt.
Fährt ein Wagen durch, so ist natürlich zum Glück die
Passage gesperrt, das Taubenhaus wackelt besorglich und
ein Dachstein fällt wohl bisweilen dem Kutscher als Erinnerung an die so eben überstandene Gefahr auf den Kopf.
Dem Ganzen entsprechend ist die Brücke, die über den
zugeschütteten Stadtgraben führt. — Sollte einer meiner
geehrten Leser einstmals in den nördlichen Provinzen des
preußischen Staates Gelegenheit gehabt haben, die dort
üblichen rhombischen Schweineställe zu sehen, so kann er
sich mein Erstaunen denken, als ich auf dem alten verfalle-
nen Belgrader Stadtwalle, der in aus- und eingehenden
Winkeln die Stadt umgiebt, zwölf dieser obengenannten

Gebäude als — Wachthäuser angebracht fand, jedoch durchschnittlich außer der nöthigen Familie von Hunden, Schaafen, Ziegen 2c. noch von 5 — 8 sorgsam wachenden Türken besetzt.

Die Armuth unter den Türken in Belgrad ist allgemein geworden; Männer, die nicht allein früher ein bedeutendes Vermögen, sondern auch hohe Stellung besaßen, ernähren sich und ihre große Familie jetzt auf's Dürftigste als Lastoder Wasserträger. Ich kenne selbst einen Wasserträger, der mit seinem Karren und alten blinden Pferde unermüdlich vom Anbruch des Tages bis in die sinkende Nacht durch alle Straßen herumwandert und zufrieden ist, wenn er des Abends soviel verdient hat, daß er seiner großen Familie Brot und etwas Gemüse zu Hause bringen kann. Derselbe Mann war früher ein reicher Grundbesitzer, ein Häuptling der Spahis, auf dessen Wink Hunderte dienstfertig zu Gebote standen; derselbe Mund, der früher in phlegmatischer Ruhe nur bisweilen Befehle aussprach, schreit jetzt unermüdlich kaltes Wasser aus, um nicht zu verhungern. Ist auch Geld und alles verloren, so bleibt der Stolz und Hochmuth dennoch ein ewig unverlierbares Eigenthum des Türken. Wer in Constantinopel in dem ungeheuren Bazar herumgewandert ist, wird freilich in der Belgraber Türkenstadt nichts finden, was ihn interessiren könnte; es ist nur ein sehr schwacher Abglanz jenes ungeheuren Lebens und Treibens, die Millionen müssen hier Hunderte ersetzen, und von Pracht und Eleganz ist vollends keine Rede. Alte Waffen, alte abgetragene Kleidungsstücke mit herunterhängenden werthlosen Gold- und Silberfetzen erinnern an die Garderobe einer wandernden Schauspieler-Gesellschaft, wo Marquis Posas eleganter schwarzer goldgestickter Sammetmantel beim hellen Tage zum ausgeschossenen manchesternen Flicker herabsinkt, an dem ein dreipfenniges Goldpapier den Reichthum des spanischen Adels präsentirt. Jene schöne Zeit der patriarchalischen Einfalt türkischer Kaufleute ist längst vorüber, selbst das miserabelste Gewand wird mit der Miene des unendlichen Werthes zum Kaufe ausgeboten, der schlechteste alte Säbel, der noch vor der Zeit des 30jährigen Krieges das Werk eines deutschen Pfuschers gewesen zu sein scheint, wird hier als edler Damazener ausgeschrieen, alle seine Tugenden zwanzigmal in einem Athem gelobt und ein unverschämter Preis gefordert, gegen den einige 200 Piaster Kleinigkeit sind. Interessanter als alles dieses sind die Ruinen einiger alten Gebäude in der Türkenstadt, die trotz ihrer Verfallenheit dennoch Spuren der Größe und des edlen Styls an sich tragen. Diese Ueberbleibsel vergangener Größe stammen aus der glücklichern Zeit Belgrads, aus jener Zeit der österreichischen Herrschaft. Die beiden größten Gebäude waren ein Verwaltungsgebäude und eine Wohnung des Generals. Das größte der Häuser ist noch in seinen Umfassungsmauern, seinen Gewölben so wohl erhalten, daß bei geringem Kostenaufwande ein brauchbares Gebäude aus den Ruinen mit Benutzung derselben hergestellt werden könnte. Was der Krieg und die Wuth des Volkshasses nicht zerstört hat, was die Flammen nicht verzehrt haben, ist jetzt im Besitz einer Zigeunerhorde, die in diesen wüsten Mauern, als treue Kollegen von Eule und Uhu, ihre Schmiedewerkstatt angelegt hat; dort sieht man halb nackte Männer und Weiber, ganz nackte Knaben und Mädchen mit einigen Dutzend Hunden auf den Schutthaufen im üppig wachsenden Grase liegen und sich gegenseitig vom Ungeziefer reinigen. Die schwarzbraunen Gesichter, der nackte robuste Körper, das wilde unordentliche schwarze Haar, unter dem die kühnen spitzbübischen Augen mit angewöhnter Falschheit und deutlich ausgeprägter Schlangenlist hinausblicken, der rein orientalische Schnitt des Gesichts, sind die besten Kennzeichen dieses Stammes, der wie die Juden sich stets unter allen übrigen Nationen in seiner Reinheit, aber nicht Reinlichkeit bewahrt. — Dieses sind die privilegirten Bettler der Türkei, die mit der unverschämtesten Zudringlichkeit, ihrem unermüdlichen Flehen es am besten verstehen, einige Para hervorzulocken, damit man sie nur los wird. Sie sind theils Schmiede, Roßkämme, theils Musikanten, durchschnittlich jedoch Herumtreiber, vor deren Gaunerstreichen man sich nicht genug in Acht nehmen kann. Die Musikanten machen die besten Geschäfte, da sie bei jeder feierlichen Gelegenheit im Hause nicht fehlen dürfen, und es meisterhaft verstehen, durch die grellsten Töne, die schreiendsten Dissonanzen und ewigen anhaltenden Gesang, das mit edlerer Musik wenig bekannte Ohr des Serben hinreichend zu ergötzen.

Einige Aufmerksamkeit verdienen noch die Moscheen oder Dschamiahs; wer freilich die herrlichen Gebäude der Art in Constantinopel gesehen hat, wird sich sehr getäuscht finden, wenn er hier etwas ähnliches zu finden glaubt. Sie sind alle nach ein und demselben Gesetze des Ritus eingerichtet und sowohl von Außen als von Innen fehlt jede Idee von Pracht und Größe. Dasselbe gilt von den Minarets oder spitzen Thürmchen, deren eines beständig jeder Moschee zum Schmucke beigegeben ist. Nur wenn auf der kleinen Gallerie der Mollah oder Geistliche steht und zum Gebete ruft, bekommt das steinkalte Thürmchen einiges Leben und kann wohl auf Augenblicke den Vorübergehenden anziehen und seine Blicke auf sich lenken.

Unter den übrigen Plätzen und Gebäuden dieser Hauptstadt ist vor allem der Marktplatz mit seinem sonntägigen Wirren und Wogen interessant. Dann strömt das Bauernvolk der weiten und nahen Umgegend in seinen bunten Trachten zu Fuß und zu Pferde herbei, die Bedürfnisse für circa 30,000 Menschen, so viel beträgt ungefähr die Bevölkerung Belgrads — ich sage ungefähr, weil von einer Zählung nie die Rede gewesen ist — auf dem Markt aufhäufend. — Auf diesem Platze befindet sich ein einstöckiges, verschobenes, altergraues Häuschen, wohlverziert durch ein von ungeschickter Malerhand geflecktes serbisches Wappen; — dies ist der Sitz der Themis, die sich hier vielleicht ebenso enge darin beherbergt findet, als einst Diogenes in seiner Tonne, und wer weiß, ob einer der zahlreichen Panduren uns auch vielleicht nicht bittet, dem Häuschen aus der Sonne zu treten. Hier sitzen nun unten in abgesonderten Gemächern, in denen man kaum aufrecht stehen kann, und deren Fußboden noch unter der Erdoberfläche liegen, Panduren und Verbrecher. Letztere schauen bequem durch ihr Gitter auf die Vorübergehenden und machen ihre handgreiflichen Glossen. Die Handhabung der Justiz befindet sich noch sehr auf einem altväterlichen Fuß; von Schreibereien sind die Herren keine Freunde, alles muß mündlich abgemacht werden und schriftliche Eingaben werden gar nicht angenommen.

Vor diesem Gerichtshofe war ich einst Zeuge, wie selbst der Präsident desselben unter dem Stocke, wie seine Untergebenen, steht. Nachdem Wubschiz die Rebellion gestillt, zurückgekehrt war und alle Behörden des Staats sich vor dem Polizeigebäude aufgestellt hatten, mußte der Polizei-Meister die Einquartierungsbillets vertheilen. Mochte er sich nicht vorgesehen haben oder mochten andere Umstände einwirken, kurz er konnte damit nicht fertig werden. Wubschiz, gleich einem Bauer zu Pferde bekleidet, entbrannte vor Zorn, hob seinen sechsfüßigen Stock in die Höh' und hätte den Herrn Polizei-Meister jämmerlich durchgebläut, wenn er nicht schnell zur Seite gesprungen wäre. Ihm folgte ein Hagel von Flüchen nach, die in den pöbelhaftesten Ausdrücken seinen Vater, seine Mutter, kurz alles Denkbare verunehrten.

Uebrigens wird die Justiz, wie wir sahen, dem Volke angemessen, auf barbarische Art gehandhabt. Auf dem Hofe steht ein niedriger viereckiger Wagen mit Spangen für Füße und Hals. Hier wird der Strafbare aufgespannt, und mit der größten Kunstfertigkeit bekommt er von den Panduren seine diktirten Prügel. Hoffen wir, daß mit jetzt Verbesserungen eintreten, die das schöne Land aus seinen sibirischen Verhältnissen herausziehen werden. Wenn auch früher Gewaltthätigkeiten in den entferntern Provinzen geschahen, so ist es unverzeihlich und bedarf der höchsten Rüge, wenn jetzt noch dergleichen Sachen vorkommen.

Kurz, ehe ich Serbien verließ, ereignete sich ein Vorfall, der gewiß verdient, daß man den Sträfling an den Pranger der Oeffentlichkeit stellt, um so mehr, da die jetzige Behörde selbst ernsthaft gegen ihn verfahren zu wollen scheint. Herr von R., früher Direktor der fürstlich serbischen Hofkanzelei, einer der liebenswürdigsten und, wie ich glaube, der gebildetste Staatsmann Serbiens, baute in Kragujewaz

ein Haus, dessen Bau er einem Architekten aus Wien in
Akkord gegeben hatte. Bei einer ganz unbedeutenden Ge=
legenheit, die der Erwähnung gar nicht werth ist und die
nur die Verunreinigung eines abgelegenen Platzes des dorf=
ähnlichen Kragujewatz betraf, wurde er förmlich von zweien
Panduren angefallen, die, froh, ihren Nationalhaß einmal
recht gegen einen Deutschen auslassen zu können, denselben
thätlich angriffen und, als er sich um die Ursache befragen
und ohne Antwort ihnen nicht gleich folgen wollte, den Rock
vom Leibe rissen und ihn mit sich in's Gericht schleppten.
Er, etwas der serbischen Sprache mächtig, wollte sich eben=
falls beim Naschalnik um die Ursache dieser völkerrechts=
widrigen Handlung befragen, als der Herr Naschalnik oder
Distriktsoberst sogleich beim Empfange seinen Stock hob und
von oben hinein auf unsern Landsmann losschlug. Die
sämmtlichen Panduren sahen dieses für ein allgemeines
Signal der Gewaltthätigkeit, als eine angenehme erlaubte
Gelegenheit, ihren Haß auszulassen, an, und halfen von
Leibeskräften mit dreinschlagen, bis man endlich, des Schla=
gens müde, den armen Geprügelten zum Hause hinaus=
warf.

Daß der Fürst Milosch, dem Undankbarkeit jetzt alles
erdenklich Böse anhängen möchte, solche Vorfälle nach Ver=
dienst und Würden zu bestrafen mußte, geht aus folgendem
Beispiel hervor.

Ein aus Oesterreich hinübergerufener Müller mußte in
der Gegend von Paraschin eine Mühle bauen, und wurde
dort von dem Kapitain ebenfalls thätlich mißhandelt, un=
geachtet der Drohung, daß er sich darüber bei dem Fürsten
beschweren würde. Er setzt sich nach empfangenen Prügeln

zu Pferde und entflieht. Der Herr Kapitain, ein Nero im
Kleinen, hinterher und holt ihn mit gespannter Pistole wie=
der zurück. Der unerschrockene Müller entflieht in der fol=
genden Nacht auf's Neue und kommt glücklich nach Kragu=
jewatz, wo er selbst seine Klage dem Fürsten vorträgt. —
Zur Strafe verlor der Kapitain sofort seine Stelle und sein
Brot. — Doch was geschieht jetzt? Es entspinnen sich neue
Streitigkeiten mit einem andern Kapitain. Dieser Mann,
ein früherer Stallknecht, dann Tartar oder Courier und
zuletzt Kapitain mit Despotenmanier, muß ein Stück von
seinen, Gott weiß wie, erworbenen Besitzungen zur Erbau=
ung der für die ganze Gegend nützlichen und höchst vortheil=
haften deutschen Wassermühle auf Befehl des für sein Land
oft so väterlich gesinnten Fürsten abgeben. Er schweigt und
wartet die Zeit der Rache ab. Sie kommt, als die Consti=
tution den Fürsten von seinen Vasallen abhängig macht;
er chikanirt den armen Müller auf alle mögliche Weise,
bis endlich die kostbare Mühle ganz stillsteht. Der Müller
fängt an zu protestiren, und obgleich beide Parteien nicht
befriedigt werden, muß doch wenigstens der Kapitain sich
beruhigen. — Die Rache des Kapitains machte dem unglück=
lichen Müller mit jedem Tage seine Lage schwerer, und als
letzterer sich auf's Neue zu beschweren drohte, drohte ihm
jener dagegen mit der Pistole; die Furcht für sein Leben
sollte ihn zum Schweigen bringen. Unbemerkt schickte der
Müller jetzt Pferde voraus, verließ dann selbst bei Nacht
seine zagende Familie, worauf es ihm gelang, den Weg
von 34 Stunden in anderthalb Tagen zurückzulegen und
glücklich in Belgrad anzukommen. — Bis jetzt ist sein
Prozeß trotz allem Flehen und Bitten noch nicht entschieden.

Das Haus des russischen Konsuls, etwas weiter gelegen, ist eins der ersten Belgrads. — Der russische Konsul nimmt unstreitig in politischer Beziehung unter seinen Collegen den ersten Rang hier ein. Er ist ein feiner Weltmann, mit Kraft und Gewandtheit begabt, von dessen Bestimmungen so ziemlich alles abhängt. Sein Wohnhaus gehört zu den drei ordentlichen Häusern in der Stadt, und macht nicht wie die übrigen um das Leben ihrer Bewohner besorgt. — In der ganzen Straße ist weiter nichts Interessantes zu sehen, bis man sich auf dem Kirchenplatze befindet, wo man jetzt seit zwei Jahren an der neuen Kirche baut. Im vorigen Jahre waren soviele Arbeiter daran, daß einer vor dem andern kaum ankommen konnte, im jetzigen bemerkt man kaum, daß daran gearbeitet wird; nur wurde man eines Nachts gewahr, daß die Kirche für sich selbst arbeitet, denn mit ungeheurem Gepolter fiel ein Stück eines Bogens ein. Wenn die Kirche vollendet ist, wird sie sich nicht übel ausnehmen, besonders da sie hoch liegt und weit die benachbarten Länder überschaut. — Einstweilen wird der Gottesdienst in einem nebenbei gebauten hölzernen Schuppen gehalten, der aber von innen gar nicht dem Aeußern gleicht, da im Innern alle Pracht der ganzen Metropolitan aufgehäuft ist. — Dieses Gotteshaus steht auf dem Hofe des Erzbischofs, dessen Wohnhaus den grellsten Contrast mit den Prachtgebäuden der Herrlichkeit anderer Länder darbietet.

Der Herr Erzbischof ist von allen Leuten, die ihn genauer kennen, im höchsten Grade geliebt; seine Humanität und Freundlichkeit erobert ihm alle Herzen und seine anerkannten Bemühungen zur Verbesserung der serbischen Geistlichkeit setzen ihm schon jetzt eine Lorbeerkrone auf. Ich bin fest überzeugt, daß bei längerer Dauer einer so schönen Verwaltung die serbischen Geistlichen von ihrem traurig tiefen Zustande sich erheben werden und die alte dumme Dorfgeistlichkeit, deren ganze Bildung in Ableiern ihres Rituale besteht, durch tüchtige gebildete bescheidene Leute ersetzt werden wird.

Verdient Belgrad eine bessere Kirche bei seiner großen Gemeinde, so erheischt auch wohl die Ehre der Nation und der Kirche, dem ersten Oberhaupte der letztern ein Gebäude oder Palais anzuweisen, ihm würdig und nöthig, um vor den Augen des Bauern und Pöbels einen Heiligenschein zu bilden. Es ist aber zu viel zu bauen, als daß man nicht nachsichtig sein müßte mit dergleichen Bauten, die am Ende doch schon nicht mehr in das Fach der Nothwendigkeit, sondern des Luxus gehören. Ist das Gebäude des Erzbischofs für denselben unpassend, da es wie der Flügel einer sächsischen Spinnfabrik aussieht, so ist die Popen- oder Priesterschule lächerlich. Ein altes verfallenes Haus, zur Noth reparirt, dient mit einigen dumpfen Zimmern zur Ausbildung der Geistlichkeit, woraus ihre religiösen Gesänge recht traurig und schwermüthig herausschallen.

Der Kirche gegenüber liegt der Konak oder das Wohnhaus des Fürsten, nach türkischer Art gebaut, zwar geräumig, doch alt und ohne allen Geschmack. Ich habe tagelang das Fürstenhaus gesucht, und konnte es nicht eher finden, bis man mich aufmerksam darauf machte, daß eine Schildwache davor sich befinde. Nun fand ich die sogenannte Burg, ein Schilderhaus, wie bei uns die Stadtnachtwächter es haben und wie ein College vor dem Polizeigebäude steht, befindet sich am altergrauen Eingange, über dem, wie in Deutschland ähnliche Wahrzeichen vor den Schlosserwerkstätten oder Schmiedeherbergen, ein serbisches Wappen, mächtig groß aus Blech getrieben, daneben ein Namenszug des Sultans, künstlich, so viel man durch den Staub und die Spinneweben unterscheiden kann, mit Gold auf Pergament gemalt. — Es führt eine breite hölzerne Treppe, wie die eines Armenhauses des mittleren Deutschland aus dem 16ten Jahrhundert, hinauf in den mit den schrecklichsten Fratzen bemalten zweiten Stock. Schon von Außen kann man in dem Eckzimmer durch die offenen Fenster diese widrigen Malereien sehen, die hier zur größten Zierde dienen sollen.— Hier in diesem Miniaturpallaste lebte in der letzten Zeit der Fürst Milosch, der, mögen die letzten Begebenheiten sein wie sie wollen, gewiß auch wieder wegen seiner herrlichen Eigenschaften, wegen seines kräftigen energischen Geistes, mit dem er sein Land zu heben verstand, Achtung und Verehrung verdient, der, wenn er auch fehlte und übereilt den letzten Stoß von sich abwehren wollte, nicht verdammt werden darf, weil er einer Reihe Intriguen unterlag, denen sein gerader offener Geist nicht gewachsen war. — O wie freundlich, wie liebevoll konnte der Fürst sein, wie zuvorkommend selbst gegen den Geringsten, wie dankbar er bei jedem Gruße das Haupt entblößte und nicht selten den Vorübergehenden nickend und lächelnd zurief: „Nachbar, was machst du?" oder „wie geht es, Bruder; was macht deine Familie?" dann flogen ihm alle Herzen zu, die vorher seine Strenge oft zittern gemacht hatte. — Man muß den Männern Dank wissen, die beständig um die Person des Fürsten, dessen rauhe Außenseite zu ertragen wußten, um ihn zum Guten zu leiten, um ihn zu bewegen, für das Beste des Landes zu handeln. Ein solcher Mann war der Hof=Kanzelei=Direktor Rabitschewitz, vor der Einschränkung des Fürsten und seinem Sturze allmächtig in Serbien; durch Klugheit und Kenntniß des fürstlichen Charakters gelang es ihm, den Fürsten zu vielem Guten zu bewegen. Unter dieses Mannes Leitung hob Serbien sich sichtlich mit jedem Tage; es geschahen die besten Einrichtungen, es wurden neue Projekte gemacht, und wäre alles auf dem alten Fuße geblieben, so wäre sicher schon zum Heil des Landes der Bergbau eröffnet. Doch die Constitution stürzte den Fürsten, und mit ihm verlor der allmächtige Rabitschewitz seine Stellung; man machte ihn, weil er unentbehrlich war, zum Regierungsrathe im Ministerium des Innern, und nach den letztern Unruhen verlor der brave, höchst gebildete und hochgeschätzte Mann durch die Kabalen seiner niedern Gegner, sogar auf kurze Zeit ganz seinen Dienst.

Die meisten Behörden Serbiens befinden sich hier in wenigen Gebäuden zusammengedrängt, jedoch schon bedeutend geräumiger eingerichtet, als es in dem kleinen dorfähnlichen Kragujewatz war. Dort mußte der Minister des Innern sein ganzes Ministerium in seinem Wohnhause aufnehmen, wo nun die wenigen Zimmer für die ersten Beamten, die Küche und Speisekammer zur Expedition dienten. Der Feuerheerd gab ein ehrwürdiges feuerfestes Repositorium ab, auf dem der Herr Expeditor mit hängenden Beinen thronte. — Fragte man einen dieser Schreiber: „habt ihr viel zu thun?" so erfuhr man, mit einer unglaublich wichtigen Miene, daß wegen der neuern Einrichtungen unendlich viel zu thun sei. Sie haben einerseits recht; sie sitzen vom

anbrechenden Morgen, gewöhnlich schon von 6 Uhr, bis spät
des Abends in den Kanzeleien, jedoch ohne nach unsern
Begriffen viel zu thun, einer amüsirt sich über den andern
und alle mokiren sich über einen. In keinem Staate kann es
einen arrogantern und dabei ungebildetern untern Beamten=
stand geben wie hier. Der Mangel an Bildung ist durch=
schnittlich unglaublich; selten, sehr selten giebt es einen, der
mehr als lesen, schreiben und die vier Spezies rechnen kann;
einige von ihnen sprechen die deutsche Sprache, natürlich
von andern Sprachen civilisirter Nationen ist gar keine
Rede. Tritt man in ein Bureau hinein, wo eine Masse
dieser sehr eingebildeten Leute mit wahren Ministermienen
thront, so wird man entweder auf das unpassendste angefah=
ren oder abgefertigt, ohne zu einer höhern Behörde gelangen
zu können. Die Kürze und Schärfe der Bemerkungen, die
man erhält, die Aufgeblasenheit und der Stolz des Abfer=
tigers macht einen glauben, daß diese Schreiber, deren einzige
Vollkommenheit eine mittelmäßig gute Handschrift ist, der
Herr Minister selbst sei, und erstaunt und freut sich nicht
wenig, wenn bei einer andern Gelegenheit dieser stolze Herr
von seinem Vorgesetzten wieder, wie ein armseliger Quarta-
ner von seinem Lehrer, ausgescholten wird. — Der Mangel
an Bildung zeigt sich bisweilen zu groß, als daß man nicht
genöthigt wäre, dem Frager in das Gesicht zu lachen. Ich
selbst wurde einst befragt, ob Berlin die Hauptstadt von
Preußen, oder Preußen die Hauptstadt von Berlin sei, und
ein andermal behauptete jemand mit der größten Gewißheit,
daß früher Paris zu Baiern gehört habe. — Diese untere
Beamtenklasse könnte durchaus zweckmäßiger beschäftigt wer=
den, wenn ein inniger Zusammenhang statt fände, wenn

das ganze Geschäftswesen mehr zusammengriffe, und nicht jeder nach seinem Kopfe handelte, so daß das ganze Verwaltungswesen schwer, wie ein ungeschmierter Wagen, bei jeder Bewegung knarrend und seufzend und langsam dahin geht. —

Wenig besser als mit diesen Schreibern steht es mit der Bildung des Militairs. — Es läßt sich zwar einigermaaßen entschuldigen, weil es erst seit kurzer Zeit existirt, anderseits hat diese Entschuldigung gar keinen Werth, da bis jetzt noch gar nichts gethan ist, um es zu heben und aus seiner unglaublichen Niedrigkeit heraus zu helfen. Es besteht im Ganzen aus Infanterie, deren Garnisonen Kragujewatz und Belgrad waren, Kavallerie, die in Schupria und Kragujewatz stand, und Artillerie, mit ihren Garnisonen in Poscharowatz und Kragujewatz. — Das Exerzitium der Truppen war durchschnittlich lobenswerth, am besten bei der Kavallerie, deren Offiziere, wie auch viele von der Infanterie und die meisten von der Artillerie, in Rußland ausgebildet waren. Die Dressur der Pferde, die Armatur und Pflege war musterhaft; ich habe mehrere junge Unteroffiziere in der Reitbahn auf wenig zugerittener Remonte ohne Fehler 5 — 6 mal hintereinander Galopp changiren gesehen, auf der Stelle Kehrt machen und dergleichen mehr, was doch schon zu den schwierigern Exerzitien gehört. Man sollte aber auch kaum glauben, mit welcher Ausdauer, welchem unerschöpflichen Muthe die Offiziere ihre Gemeinen und ihre Pferde zu dressiren wissen, vom ersten Morgenstrahl bis in die sinkende Nacht ist man mit den Pferden in der Reitbahn beschäftigt; es ist die Kavallerie von allen die fleißigste und natürlich auch die bravste Waffe. — Die Pferde selbst sind

klein, nur wenige große sieht man unter ihnen; sie sind
zweierlei Race, die kleinern gehören der hiesigen türkischen
Gebirgsrace an, die wegen ihrer großen Brauchbarkeit im
kroupirten Boden, wegen ihrer ausnehmenden Sicherheit
des Ganges selbst auf dem gefährlichsten steinigen Felsboden
sehr geschätzt wird, jedoch so billig ist, daß man für den
Durchschnittspreis von 8 bis 15 Thalern Spezies ein recht
tüchtiges Pferd dieser Gattung ankaufen kann — die größern
Pferde sind eine Mischung der siebenbürgischen Race mit
den hiesigen Pferden; sie sind gut und kräftiger wie die
andern gebaut, es fehlt ihnen jedoch die hier für ein Reit=
pferd unentbehrliche Tugend des Gebirgspferdes; sie sind
mehr für Wagen und werden dazu auch sehr gesucht. Die
großen stehen in ziemlich hohem Preise und werden nicht
viel billiger, als in Ungarn selbst gekauft. — Die Kaserne
der Kavallerie zu Schupria ist, so wie die der übrigen
Truppen, weitläuftig und bequem gebaut, doch so schrecklich
durch die einheimischen Dunczaren oder Maurer, die an gar
keine größern Bauten gewöhnt sind, verpfuscht, daß schon
nach wenigen Monaten der Putz abfällt, und die wenige
Jahre alte, höchst ungeschickt gebaute Kaserne in Belgrad
schon anfängt, gewaltige Risse zu bekommen. Die Kaval=
lerie ist ganz auf russischem Fuße uniformirt, trägt wie die
Kosacken Lanzen und die Pistolen im Gürtel. — Die Artil=
lerie läßt von allen am meisten zu wünschen übrig. Ihr
ganzes Exerzitium besteht im Exerziren auf der Stelle, denn
da die Geschütze gar keine Bespannung haben, so kann von
Evolution keine Rede sein. Ihr Wetteifer erstreckt sich auf's
rascheste Feuern, wobei allerdings auf große Regelmäßigkeit
nicht gesehen wird. Die reichsten Kassen müßten wo anders

bankerott werden, wenn man mit solchem Luxus bei der Artillerie verfahren wollte, wie hier. Der Pfropfen auf der Kartusche wird aus Tuchecken gebildet und so, anstatt Decken daraus zusammen zu nähen, dieselben in einer Sonntagsparade verschossen. Die Geschütze sind größtentheils österreichischen und russischen Ursprungs. Eine Batterie bekam der Fürst zum Geschenk. Das schlimmste ist, daß gar keine Uebereinstimmung herrscht, beinahe kein Kaliber ist wie das andere und jede Lafette anders wie ihre Nachbarin, so ist dann auch beim Exerziren in der Batterie eine Unregelmäßigkeit zu verzeihen. Die Offiziere sind Soldaten, sonst weiter nichts; in wissenschaftlicher Beziehung stehen sie mit ihren Kanonieren auf gleicher Stufe, das eingepaukte mechanische Exerziren, das Billard und Kartenspielen, das Trinken und Tanzen macht ihre Bildung aus. Es hat zwar einst unter dem Fürsten eine Militairschule zur Ausbildung dieser Branche existirt, der Chikanen, der Insubordination war aber soviel, daß der Chef der Schule, ein Offizier des benachbarten Kaiserstaates, sich genöthigt sah, seinen Abschied zu nehmen. In wissenschaftlicher Hinsicht war also gar nichts erlangt, als daß vielleicht dieser oder jener etwas besser schreiben gelernt hatte. —

Die Infanterie, als die einfachste Waffe, kommt in der Art ihrer Exerzitien der russischen Armee am nächsten. Auf Evolutionen hat man sich bei ihr ebenfalls gar nicht eingelassen, und ist schon zufrieden, wenn der Soldat nur rechts und links um machen kann; daher habe ich auch nie einen andern Marsch als den Reihenmarsch gesehen. Man kann sich nach den Artillerie-Offizieren einen Begriff von denen der Infanterie machen. — Die besten Exerzirmeister und gebildetſten Offiziere ſind die Ueberläufer aus Oeſterreich, denen dort als Korporale nicht recht die ſtrenge Zucht behagen wollte, und alſo ohne Umſtände deſertirten. Natürlich Ausnahmen giebt es von jeder Regel. Es fallen nicht ſelten Exzeſſe vor, die in unſern Armeen unerhört ſind, die hier aber nichts ſeltenes zu ſein ſcheinen.

Ein Artillerie-Offizier zum Beiſpiel bindet ſeine unſchuldige verläumdete Magd des Abends an einen Baum, läßt ſie durch vier ſeiner Leute auf's Unbarmherzigſte zuſammenhauen, des Nachts über an den Baum halb nackt angebunden ſtehen, und die halb Todte erſt den andern Morgen losbinden. Dies war ein deutſcher Ueberläufer der Artillerie und eine deutſche Magd. Die Arme iſt ſeitdem blödſinnig. Der Offizier wird ſofort auf Befehl des Fürſten in Ketten geſetzt und bleibt den Winter über im Arreſt. Mit einem Male im Frühlinge geht er wieder frei umher, und zwar zur Ehre des ſerbiſchen Offiziercorps in Uniform.

Bald nachdem dieſer Exzeß vorgefallen war, macht ſich ein Kamerad des ebengenannten Verbrechers über ein junges Mädchen her, und braucht — Gewalt. Kaum kommt dieſe Klage nach Kragujewatz, ſo befiehlt der gerechte Fürſt, ihn ſofort gefänglich einzuziehen und nach Kragujewatz abzuführen. Ein Offizier bekommt das Kommando und geht an den Ort ſeiner Beſtimmung nach Poſcharowatz ab. Nachdem er den Verbrecher in Empfang genommen hat, tritt er die Rückreiſe an. Bei der erſten Uebernachtung thut er daſſelbe, was der Verbrecher gethan hatte, deſſen Wächter er ſein ſoll. — Die Rohheit unter dem Offiziercorps hat nachgelaſſen, und beſonders die in Belgrad in Garniſon ſtehenden haben von den dortigen Deutſchen einen beſſern Ton angenommen; ihr würdiger Kapitain thut auch alles mögliche, diese Truppe den übrigen als Muster vorleuchten zu lassen. — Die Exerzitien des Militairs, so wie der ganze Dienst, sind wenig anstrengend; man exerzirt nur im Sommer, wenn kühles Wetter ist, und im Winter sind gänzlich Ferien. Daß dabei eine Truppe nicht auf einen hohen Standpunkt kommen kann, besonders wenn sie im Wissenschaftlichen ganz negligirt wird, liegt im Bereich der gesunden Vernunft.

Am traurigsten steht es mit der Kleiderordnung; das Winter- und Sommergewand des Soldaten ist der lange graue Mantel, unter dem er seine Spaziergänge und Kasernendienste in Unterhosen, Strümpfen und Sandalen abmacht. — Der Mantel, das kostbarste Stück der Soldatenkleidung, sollte doch billigerweise am meisten geschont werden; aber nein, hier ist es gerade umgekehrt, der Mantel ist zum Schlafrock herabgesunken und der Dienst zum Schlafrockdienst. Die größte Kunstfertigkeit des Gemeinen besteht im devoten Mützeabziehen und Geradestehen bei der Annäherung eines Offiziers. Man könnte schweigen, wenn diese strafbare Unordnung, dieses muthwillige Ruiniren des besten Kleidungsstückes, dieser Schutz sträflicher Faulheit nur in der Kaserne geduldet würde, aber es geschieht ohne Unterschied auch auf der Straße, mit einem Worte überall. Ich selbst habe Soldaten beim Konak des Fürsten im Monat Juni im Mantel, in Unterhosen, bunten wollenen serbischen Strümpfen und Bastschuhen vorübergehen sehen. — Hier, wo ich gerade vom Militair spreche, wird es vielleicht an der Stelle sein, die Schilderung einer winterlichen sonntägigen Kirchenparade aus Kragujewaz einzuschalten, wie

8*

sie bei besondern Gelegenheiten, z. B. zu Weihnachten oder zu Ostern unter dem Fürsten Milosch stattfand. Des Morgens früh bei Tagesanbruch wurde man durch Kanonendonner geweckt. Kaum war die Straße erleuchtet durch das anbrechende Licht des Tages, so begab sich der religiöse Fürst in die Kirche. Das Militair war jenseits der kleinen Brücke, die über die Lepenitza führt, aufgestellt, in Lederzeug und Mützen, in Mäntel eingehüllt; die vorderste Reihe hatte in ihrer Mitte die Fahne, die hinterste Bastschuhe in ihrer Mitte. Beim Vorübergehen des Fürsten wurden drei Salven gegeben, und die Musikbande spielte einen rauschenden Marsch. Von allen Ecken und Kanten strömten jetzt die Einwohner in das kleine Kirchlein, das natürlich ihre Zahl nicht faßte, da es viel zu beschränkt im Raume ist. Der Gottesdienst begann, von Außen zeigte Kanonendonner und Glockenläuten die besonders feierlichen Handlungen an. Hieran erkannte der Beamte, wenn es für ihn Zeit war, sich zur Kirche zu begeben und sich vor derselben aufzustellen, damit der zurückkehrende Fürst keinen vermisse und von jedem einen festen Begriff der Religiosität erhalten möchte. Nachdem er also bequem sich angekleidet, seinen Kaffee geschlürft, den Schibuk geraucht und die Hosen aufgestreift hatte, um den unendlichen Winterschmuz von Kragujewatz bequem durchbringen zu können, begab er sich nach dem Gotteshause, wo er, da es stets ganz gefüllt war, nicht mehr hineinkonnte und sich an der Thüre mit den Panduren im bloßen Kopfe aufstellen mußte. Jetzt begann es in großen Flocken zu schneien; mit den Füßen herumtrampelnd, damit diese nicht erfrieren, mit der einen Hand seine Mütze haltend und die Finger beständig krümmend,

damit auch sie nicht erfrieren, mit der andern Hand den
bloßen Kopf vom Schnee reinigend, mit dem Munde seine
naßkalten Hände anhauchend und rechts und links sich be=
grüßend und Komplimente machend, hatte er hinreichende
Beschäftigung, bis die Kirche aus war und der Fürst lang=
samen Schritts seinen Rückweg nach Hause antrat.

Die Haltung des Fürsten war edel, sein Antlitz strenge,
seinen Feinden fürchterlich, seinen Freunden der tiefste Aus=
druck väterlichen Wohlwollens. Der erste Kammerdiener
reichte ihm den rothen Zobelpelzrock mit hohem weißen Rei=
herstutz, den er fest auf das lorbeerumkränzte Haupt auf=
drückte; dann schaute er sich die Schaar der Beamten an,
rief den vordern einen guten Morgen zu, fragte, wie es
ihnen geht, sprach mit diesen und jenen und ließ sich bis=
weilen von einem der Subaltern=Klasse die Hand küssen,
dem er dann die Backen streichelte. So durchschritt er lang=
sam die Reihen der Beamten, beschenkte rechts und links
die im Schnee kauernden Armen und Kranken, und gefolgt
vom ganzen Beamtenheere verließ er den Kirchhof. Die
Glocken läuten immer stürmischer, die Bande spielte dem
Helden ein Triumphlied, das Militair präsentirte, die ser=
bische Fahne verneigte sich vor dem serbischen Löwen, die
Kanonen donnerten und der Greis ging froh mit seinen
Kindern, seinen Unterthanen, in sein Häuschen, seinen
kleinen Konak; wo er ihre Leiden so oft gestillt hatte, be=
wirthete er sie jetzt, damit sie nicht von der langen Kälte
frieren sollten, nach alter guter Sitte mit einem Branntwein
(Rakih) und Confekt, drückte vielen freundlich die Hand und
setzte sich dann mit den Vertrauten zur Tafel.

Wer so den Fürsten sah, wer ihn dann wieder mit seinen Prinzen, seinen Ebenbildern im Wagen sah, wie er freundlich der Vater seiner Familie war, wer hätte damals die spätern Begebenheiten ahnen können. — In die Verbannung folgte ihm sein Zweitgeborner, Mihail, dem nun das Land in der freudigsten Hoffnung seit dem Tode seines Bruders als Fürst entgegensieht. Möge er länger regieren, als sein unglücklicher Bruder, den der Tod in der schönsten Blüthe seine Jahre wegraffte. Er war der erste selbstständige Monarch, der mit der Vernichtung des türkischen Joches starb; natürlich veranstaltete man auch demgemäß ein feierliches Leichenbegängniß. Vorher lag er auf einem Paradebette in vollständiger Uniform, mit Orden und Blumen geschmückt. Eine Anzahl der höchsten Staatsbeamten umgab immer sein Paradebette, die Klageweiber durchzitterten mit ihrem Weinen und Heulen die mit aromatischen Gerüchen parfümirte Stube; die Trauer der Anwesenden war aufrichtig.

Schon früh am Mittwoch, dem britten Tage nach seinem Tobe, schallten alle Glocken in die Weite und riefen die Menge zum Begräbniß ihres Fürsten zusammen, die sich denn auch von allen Orten in großer Menge zusammenfand. — Der Sarg, mit Ponceau=Sammet bekleidet, reich mit Gold verbrämt und mit penséerother Seide ausgeschlagen, enthielt die Leiche des Fürsten, wie er auf dem Paradebette gelegen hatte; man trug ihn zuerst in feierlicher Prozession in die Kirche, wo der Erzbischof, umgeben vom glänzenden Klerus, das Hochamt hielt. — Nachdem die Kirche beinahe eine Stunde lang gewährt hatte, setzte sich der Zug auf's Neue in Bewegung durch die mit Menschen überfüllten Straßen, nach dem beinahe eine Viertelstunde entfernten Friedhofe, auf dem sich ein kleines Kirchlein erhebt, wo die Leiche einstweilen in einem Gewölbe beigesetzt werden sollte, bis die neue Kirche mit einer schön eingerichteten Fürstengruft beendet sein würde.

Den Anfang des Trauerzuges machte die serbische Schuljugend in einer mächtig langen Reihe, in der Mitte ihre Lehrer, die sie zum fortdauernden geistlichen Gesange an= und in Ordnung hielten. Nach diesen folgten die beiden schönsten Lieblingspferde des Fürsten, zwei herrliche Araber, die, in schwarzem Tuch eingehüllt, alle Blicke auf sich lenkten. Hinter ihnen kamen die Kirchenfahnen und Insignien, der von sechs Personen getragene Sargdeckel, dann der Militairchef, der das Ordenskissen trug. Jetzt die Geistlichkeit im höchsten Ornate, mit vorgetragenem hohen schwarz umflorten Kreuze, der Erzbischof von Belgrad und die Bischöfe von Schabatz und Tschartschak mit Inful und Stab. Der Sarg des Fürsten, offen abwechselnd von den höchsten Beamten des Reiches unter einem goldgestickten ponceaurothen Sammet=Baldachin getragen, folgte ihnen; dann die Fürstin Mutter, die ganze fürstliche Familie, sämmtliche Beamte in Trauer. Den Beschluß machte die Musik und das Militair. — Der Schmerz der Fürstin war herzzerreißend; keine Thräne mehr weinen zu können, vor innern Gram beinahe aufgezehrt, beständig das Bild des einst so blühenden Jünglings, des eben erst Fürst gewordenen innig= geliebten Sprossen vor den Augen, wankte sie zitternd dem langsam getragenen Sarge nach. Jeder fühlte mit ihr, selbst der Roheste war durch den Anblick dieses Schmerzes tief ergriffen.

In der größten Ruhe und Ordnung kam man auf dem Friedhofe vor der Kirche an, wo der Senator Simitsch den Nekrolog des Fürsten Milan Obrenowitsch vorlas. Er wurde dann in die Kirche getragen und beigesetzt. — Unter dem Sarge kamen in einem kleineren die Eingeweide zu stehen, die man natürlich aus dem einbalsamirten Körper hinausgenommen hatte. —

Nach den Gesetzen der Erbfolge, die der Sultan Machmud in der Familie Obrenowitsch anerkannt hat, ist nun nach den Beschlüssen des Senats, als Repräsentant der Nation, der Prinz Mihail oder Michael der Thronerbe, der sich bis jetzt bei seinem Vater in der Walachei befindet; natürlich bedarf aber dieser Beschluß noch der Genehmigung Abdul Medschids und des Kaisers Nikolaus, als Schutzherren Serbiens. — Ob es dem Fürsten Milosch gelingen wird, in Folge seiner Protestationen wieder Besitz vom Throne zu nehmen, ob es ihm gelingen wird, seinen Sohn von der Rückkehr nach Serbien und der Thronbesteigung abzuhalten, muß die Folge der Zeit erklären. Jedenfalls darf das Land unter Michaels Regierung einer glücklichen Epoche entgegensehen; die Regententugenden des jungen Fürsten sind allgemein bekannt, sein liebes, offenes, bestimmtes Wesen hat ihm schon im Voraus alle Herzen erobert, und somit sehen alle Parteien einer glücklichen glorreichen Regierung, der redlichen Lösung der Frage über Serbiens wahres Wohl, über sein möglichst schnelles Aufblühen begierig entgegen.